戰, 亂 각본

전,란 각본

초판 1쇄 발행 2024년 11월 15일

제공 | 넷플릭스
제작 | 모호필름, 세미콜론 스튜디오
각본 | 신철, 박찬욱
각색 | 김상만, 이자혜
펴낸이 | 정무영, 정상준
펴낸 곳 | 을유문화사

창립일 | 1945년 12월 1일
주소 | 서울시 마포구 서교동 469-48
전화 | 02-733-8153
팩스 | 02-732-9154
홈페이지 | www.eulyoo.co.kr

ISBN 978-89-324-7524-0 03680
가격 16,000원

戰, 亂 각본

신철 박찬욱

밑줄 친 대사는 일본어의 번역입니다.

1. 진안 죽도 (낮)

늦가을 하늘, 무심히 흐르는 구름 위로 자막이 나타난다.

조선의 사상가 정여립은, 천하는 주인이 따로 없다고
주장하였다. 그가 조직한 대동계에서는 양반과 노비가
함께 무술을 닦고 술과 음식을 나눠 먹었다.
끝내 모반죄로 고발당한 정여립은 관군에 포위되자
목에 칼을 꽂아 자살하였다.
선조 연간의 일이다.

자막이 사라지며 카메라 틸트 다운하면, 깎아지른 절벽이 좌우로 선 천변(川邊).
곧게 선 칼날에 목을 꽂은 채 앉은 **정여립(43세)**. 그 뒤로, 관군에게 포박된 대동
계원 중 **정옥남(20대)**, 죽어가는 아비를 보며 오열한다.

정여립
임금...이나 노비나... 대동하다.

2. 선정전 앞마당 - 창덕궁 (밤)

선조
(문서를 읽는다)
임금이나 노비나 대, 동, 하다...

용상에 앉아 '제천문(祭天文)'이라 쓰인 문서를 읽던 **선조**, '대동하다...'를 또 한 번 중얼거리더니, 허탈하게 웃으며 고개를 든다. 눈가에 물이 고였다. 웃음기를 거두고 일어나는 선조. 신하들이 서립*한 가운데, 초주검이 되어 무릎 꿇린 정옥남 앞으로 다가가 문서를 내민다.

선조

네 아비가 쓴 글이 맞느냐?

말하라.

뭐라 말하려 하지만 입을 열 힘도 없어 보이는 정옥남. 뒤편에 선 신하 하나가 옆 사람에게 귀엣말을 한다.

깐족 신하

혀가 잘렸는데 어찌 말을 하누...

선조

고하라!

혀가 사라진 입에서 쏟아진 옥남의 피가 어혜**에 튄다. 놀란 좌의정 엎드리며-

좌의정

전하, 죽여 주시옵소서!

---

* 서립(序立) : 여러 사람이 차례로 길게 서다.
** 어혜(御鞋) : 왕의 신발

일동

죽여 주시옵소서!

선조

네 아비는 또 이리 말했다지?
'천하는 모두의 것이며, 누구든 왕이 될 수 있다.'
(더 이상 읽지 못하고 가슴을 치며 울먹인다)
좌상, 진정 왕과 노비가 대동한가?

좌의정

(부들부들 떠는 좌의정, 겨우 입을 떼)
전하, 대역죄인의 망발을 구순에 담지 마시옵소서!

선조

(용상을 가리키며)
백정도, 기생도, 노비도 저것의 주인이 될 수 있다잖느냐?
(창 들고 선 의금부 나졸에게 다가가)
가 앉아 보거라.
(겁에 질려 머뭇거리는 나졸에게)
아! 곤룡포. 이것도 벗어 주랴?

선조가 옷고름을 풀자 사색이 되는 대신들, 일제히-

일동

전하!

영의정

(이마를 돌에 짓찧으며 절규)

전하, 어찌 이리 망극한...

(피 흐르는 이마를 들고 뒤를 돌아보며)

판사는 무엇 하시오? 당장 저 역적놈의 뻔뻔한 낯을...

이 소동을 보며 어이없다는 듯 웃는 정옥남의 얼굴에서-

3. 장예원 인근 - 육조거리 (낮)

장대에 높이 매달리는 정옥남의 머리. '逆魁汝立之子 玉男'이라 쓰인 천이 머리 아래로 늘어뜨려진다. 자막- 반역 우두머리 정여립의 아들 옥남.

화면 넓어지면, 이미 효시된 정여립의 머리가 그 옆으로 보인다. '大逆不道 鄭汝立'이라고 적힌 천이 바람에 나부낀다. 자막- 대역죄인 정여립.

두려움과 흥미로움이 공존하는 표정의 행인들. 멀리 광화문이 보이는 육조거리. 각양각색의 사람들로 북적인다. 효수대 맞은편에선 광대패가 놀이판을 벌인다. 광대패에서 빠져나온 **외팔이**, 효수대로 다가와 새로 걸린 머리를 참담한 표정으로 지켜본다. 큰 키에 긴 수염, 검은 낯빛, 나이를 가늠하기 어렵다.

광이 부하

(소리)

도노(逃奴)요! 비키시오! 도노요!

말 탄 추노꾼 일행이 흙먼지를 일으키며 다가온다. 좌우로 갈라지는 행인들. 말과

연결된 밧줄에 양손이 결박되어 끌려가는 **천영(20대 중반)**. 너덜거리는 옷깃, 밧줄에 쓸려 피멍이 든 손목, 왼손에 감긴 붉은 비단, 지쳐 비틀거리다 그예 넘어진다. 말에서 내리는 **광이**, 천영의 뒷머리를 잡아채 고개를 들어 올린다. 독기 어린 천영의 눈에 효시된 머리들이 보인다. 까마귀가 날아와 정여립의 머리에 앉더니 뺨 위에 기어가는 지네를 잡아먹는다.

광이

저 봐라, 저 봐.

누구처럼, 주제 모르고 까불다 저 꼴 났네!

킬킬거리는 광이의 면상을 냅다 들이받는 천영. 나자빠지는 광이. 재빨리 일어나 손에 묶인 밧줄을 풀고 도망치려 하는 천영. 그러나 여의치 않다. 곤봉을 들고 달려드는 광이 부하 1의 낭심을 걷어차는 천영, 밧줄과 연결된 말에 올라타려다 광이가 던진 사냥돌이 발에 감기며 쓰러진다. 구경꾼들 틈에서 유심히 지켜보는 외팔이 남자. 코피를 닦으며 다가오는 광이, 부하 1의 곤봉을 가로채 천영을 호되게 후려치려는데-

가마꾼

(소리)

무엄하다!

멈칫하는 광이. 돌아보면 초헌˙에 올라탄 **이덕형**. 선두의 가마꾼이 외친다.

˙ 초헌(軺軒) : 종2품이 타던 수레로 지붕이 없고 외바퀴가 밑에 달려 있다.

대사헌 이덕형 나리시다, 예를 갖추어라!

무릎 꿇는 광이. 부드러우면서도 위엄 있는 음성으로 꾸짖는 이덕형.

이덕형

주상께서 지척에 계시거늘 어찌 이리 소란을 피우는고?

광이

죽을죄를 지었습니다, 나리.

(소매를 걷어 제 왼팔을 보인다. 칼로 새긴 작대기 문신이 줄줄이 났다)

추노꾼 광이라고 합니다. 그간 추쇄한 종놈의 숫자가 이러합지요.

(이번에는 천영의 손에 감긴 붉은 비단을 들쳐 보여 준다.

손등에 새겨진 '逃奴' 문신, 그 아래 '二'자 흉터를 보여 주며)

벌써 두 번이나 달아난 적이 있는 고약한 놈이옵니다.

게다가 이번엔 주인의 물건을 훔치기까지 했습지요.

장검을 가져와 바치는 광이. 발도해 보는 덕형. 칼날에 선명하게 음각된 글자- '武魁 李宗呂(무괴ㆍ이종려)'. 덕형의 시선으로, 광이 부하들한테 옴짝달싹 못 하게 붙들린 채 바닥에 엎어진 천영의 독기 어린 얼굴.

청지기

(소리)

이놈의 어미는...

ㆍ 무괴(武魁) : 무과에서 1등 한 자를 이르는 표현.

4. 장예원 (낮) - 과거

청지기
...병조참판 영감의 종이었사옵니다.

정면을 쏘아보는 **어린 천영(14)**, 허리에 나무칼을 찼다. 재판이 벌어지는 장예원 마당. 청지기가 원고석, 천영 부자가 피고석에 섰다. 천영을 뺏기지 않으려는 듯 꼭 안은 **천영 아비**. 장예원 판결사가 재판장으로서 높은 데 있고, 그 좌우에 사평과 사의가 앉아 원고와 피고를 내려다본다. 자막- 12년 전.
사평에게 노비문기를 내미는 청지기. 사평이 흘깃 보고 판결사에게 넘긴다. 귀찮은지 사무적으로 말하는 판결사.

판결사
'일천즉천'이 무슨 말인지 아느냐?

천영 아비
어미 아비 중 한쪽이라도 노비면 그 자식은 노비가 된다는 말입죠.

판결사
그것이 국법이다.

천영 아비
저희 부부는 원래 양인이었습니다!
빚을 못 갚아 제 아내가 팔려 간 건 맞지만
이놈은 그 전부터 지 애미 뱃속에 있었더랬습니다.
그래서 이놈을 낳았을 때 제가 데려왔던 거구요.
(청지기를 손가락질하며)

그때는 가만히 있더니...

청지기

어미와 복중 태아는 본래 한 몸 아닙니까?

어미가 노비가 되면서 태아도 노비가 되었다 봄이 옳습니다.

판결사, 그럴듯하다는 듯 끄덕인다. 천영 아비, 기막혀 가슴을 주먹으로 치며-

천영 아비

젖먹이 젖 먹이기 좋같으니 데려가라 해 놓구

이제 부려먹기 딱 좋게 자랐으니 도루 뺏어가겠다는 속셈 아니요!

청지기와 판결사를 노려보는 천영, 나무칼을 쥔 손에 힘이 들어간다.

5. 산길 (새벽) - 과거

팍-팍-팍! 나무칼을 든 천영, 분노를 쏟아 내듯 계속 세차게 휘두른다. 단봇짐 하나를 어깨에 두른 천영, 청지기를 따라간다. 정신 사납다는 듯 막대기를 뺏어 멀리 던져 버리는 청지기. 버럭 소리 지르는 천영.

천영

울 아버지가 깎아 준 거라구요!

냅다 뛰어가 도로 집어 오는 천영. 혀를 차는 청지기, 다시 걸으며 일장 연설을 시작한다.

청지기

니가 귀신 될 때까지 종노릇하게 될 집에 대해 말해 줄라니까
귓구녕 횈 열고 잘 들어라.

천영

종은, 누가 종이라고...

청지기

(스읍- 윽박지르고는)
자그마치 종2품 병조참판 영감마님 댁으로서...

6. 종려의 집 - 곳곳 / 천영의 길 (낮) - 과거

사당. 어린 종려(11)와 나란히 서서 벽에 걸린 조상들의 초상화 족자들을 보는 극
조. 전부 무관이다. 아버지가 머리를 쓰다듬자 긴장한 듯 꿀꺽 침을 삼키는 종려.

청지기

(아니리)
태조 대왕 때부터 작금에 이르기까지
대대로 무과에 급제한 조선 최고의 무신 집안이라 이 말이지.
집은 예순 칸이 넘고, 노비는 일백이 넘는디-
노는 사내종, 비는 계집종이라.
노비의 제각기 구실을 볼작시면-

하늘에서 본 대갓집 풍경. 해가 뜨고 닭이 운다. 잠에서 깨는 노, 몸단장을 하며 밖

으로 나오는 비들. 노비들 모습 위로 각자의 역할을 설명하는 청지기의 소리.

청지기
(대문이 열리며 편지를 건네는 손. 편지를 대감에게 전하는 비, 마당 쓰는 노)

소식 전하는 기별이, 마당 쓰는 빗자리

(반찬을 준비하고 / 가마솥의 밥을 푸는 비들)

반찬하는 반빗아치, 밥 짓는 동자아치

(빨래하는 비들 / 우물에서 두레박 올리는 비)

빨래하는 세답비, 물 긷는 수비,

(불 피우는 노 / 뒷간 치우는 노)

불 피우는 불담사리, 뒷간 치우는 똥담사리

(도끼로 장작을 패는 땔감 노비 / 말에게 꼴을 주는 노)

나무 패는 목담사리, 말 먹이는 말담사리

(노비들의 다양한 모습 위로 계속되는 사설. 자진모리. 휘모리)

요강 비우고 걸레질하고 다듬질하고 바느질하고

도련님 옷 입히고, 안방마님 안마하고,

영감마님 시중들고 발 씻기는 노비들이

우르르르~

징검다리를 건너는 청지기. 돌과 돌 사이, 어린 천영이 건너기에는 넓은 거리다. 천영, 양발로 뛴다. 착지. 끔이 불안정한 돌이 뒤뚱거리지만 팔을 좌우로 휘저으며 중심을 잡는 천영. 다시 힘껏 뛴다. 하늘로 날아오르는 천영. 착지. 마침 사설을 끝내고 돌아서는 청지기, 한껏 으스대며 묻는다.

청지기
그 큰 집안의 대소사며
한량없는 아랫것들을 죄다 관장하는 청지기가 누구냐?
(천영은 그냥 무표정인데)
옳거니!
그럼 그 많은 중에서도 네놈 소임이 뭔지 아느냐.

귀찮다는 듯 눈을 돌려 뚫어져라 냇물을 바라보는 천영, 물고기를 따라 시선이 움직인다.

종려의 집 마당. 긴장한 채 검을 꼭 쥐고 **무예 스승** 앞에 선 어린 종려. 대청에 걸터앉아 아들을 지켜보는 **이극조**, 옆에 서서 식은땀을 흘리는 종려의 몸종. 싸리나무로 만든 회초리가 가득 담긴 항아리. 종려, 공격 동작을 취해 보지만 겁먹어 눈동자가 흔들린다. 극조, 답답한 나머지 소리를 버럭-

극조
쳐라!

철썩! 나무 칼로 물속을 세차게 찌르는 천영.

바닥에 나뒹구는 종려. 극조, 치미는 화를 주체 못 하고 회초리를 집어 내리친다. 쩍 소리를 내며 몸종 소년의 종아리에 부딪혀 부러지는 회초리.

천영
(소리)

대신 매를 맞는다구요? 왜요?

청지기

(소리)

왜 맞긴, 네 놈이 '몸'종이니까 주인 몸 대신 맞지.

쓰러지는 몸종 소년, 사지에 경련. 쯧- 혀를 차는 극조. 대문 쪽이 소란스럽자, 극
조의 시선이 멀리 대문 쪽을 향한다. 아비의 시선을 따라 보는 종려. 실랑이하며
들어서는 청지기와 천영이 보인다.

천영

내 잘못도 아닌데 왜 내가 맞냐구요.

청지기

주둥이 못 닥쳐!

청지기, 극조와 눈이 마주치자 황급히 허리를 굽혀 이마가 무릎에 닿게 인사한다.
천영의 나무칼에 꽂힌 채 아직도 파닥거리는 붕어를 보고 눈이 동그래지는 종려.
천영, 바닥에 쓰러진 두 소년을 번갈아 본다. 입에 거품을 물고 몸을 떠는 몸종. 종
려와 천영의 눈이 마주친다. 천영이 꼿꼿이 선 꼴을 보고 청지기가 화들짝 놀란
다.

청지기

어느 안전이라고!

천영의 머리통을 손으로 잡고 힘으로 눌러 허리를 접으려 하는 청지기. 날렵하게

빠져나오며 청지기의 등을 타고 넘는 천영. 입을 헤 벌리고 보는 종려. 청지기가 재차 잡아 보려 하지만 요리조리 잘도 피한다. 중심을 잃고 흙바닥에 자빠지는 청지기. 종려, 풋 웃음이 터진다.

극조
뭣들 하느냐!

호통에 황급히 일어서는 종려. 동작을 멈추는 천영. 극조가 손짓하자 몸종 소년의 부모인 **땔감 노비 부부**가 울면서 제 아들의 입에 나무토막을 물리고는 업고 나간다. 그 모습을 지켜보는 천영을 잡아끄는 청지기, 서둘러 천영의 바지를 걷어 극조에게 발목을 보여 준다. 이어 소매를 걷어 손목과 팔을 보여 주고 입을 벌려 치아를 보여 준다. 맘에 든다는 듯 끄덕이는 극조. 어느새 나타난 종려 어머니, 천영을 훑어보더니-

종려 어머니
이번엔 얼마나 버티려나...

7. 사랑채 마당 - 종려의 집 (낮) - 과거

아궁이 곁불에 구워진 붕어. 부지깽이로 전락한 천영의 나무칼. 어린 부엌데기가 붕어를 입에 물고 있다.
짝! 소리와 함께 댓돌 위에 선 천영의 종아리에 회초리가 날아든다. 이미 여러 대 맞았는지 붉게 부어오르고 터진 자국이 가득한 종아리. 눈가에 눈물이 가득한데도 이를 악물고 참는 천영. 고개를 돌리면, 마당에서 스승과 대련하는 종려. 지켜보는 극조. 공격을 막던 종려가 목검을 떨어뜨린다. 회초리가 천영의 종아리에 날아든다. 스승을 공격하던 종려가 제풀에 앞으로 넘어진다. 이번엔 등짝에 날아드는 회초리. 종려가 실수할 때마다 계속해서 날아드는 회초리. 종려, 그 소리를 들을 때마다 자신이 맞는 것처럼 움찔한다.

잠시 후-
석양이 붉게 물든 저녁. 바닥에 가득한 부러진 회초리. 기절한 천영. 노비들이 다리와 등판이 피로 물든 천영을 들고 간다.

8. 행랑채 앞 - 종려의 집 (밤) - 과거

노비들이 기거하는 방에 엎드려 끙끙 앓는 천영. 노비들이 치료해 줬는지 붕대로 감긴 몸. 눈을 뜨는 천영. 주변에 깔린 이부자리가 죄다 비었다. 밖에서 들리는 소리에 나가 보는 천영.
침통한 얼굴로 모인 노비들, 땔감 노비 아들의 시신을 가마니로 만든 들것에 누인다. 숨죽여 우는 땔감 노비 부부. 노비들이 대문 밖으로 시신을 실어 나간다. 홀로 남은 천영, 아궁이에서 부지깽이가 되어 끝이 검게 타 버린 나무칼을 집어든다. 인기척에 고개를 돌리자, 떡 한 덩이를 들고 선 종려.

9. 안채 뒷마당 - 종려의 집 (밤) - 과거

안채 뒤편 툇마루에 앉아 떡을 먹는 천영. 주방에서 몰래 부침개를 들고 나오는 종려. 천영에게 내밀자, 매처럼 낚아채 입에 쑤셔 넣는 천영. 그런 천영을 물끄러미 보는 종려.

종려

천영이라고? 무슨 천에 무슨 영자를 써?

(대답이 없다)

그런 거 모르는구나? 그럼... 따를 천에 그림자 영으로 하자.

나를 그림자처럼 따른다. 어떠냐?

천영의 나무칼로 땅바닥에 한자로 '遷影'을 써 준다. 마음에 드는 듯 웃는 종려, 천영을 돌아보는데, 종려의 아구창을 꽉 쥐는 천영. 손에 묻은 기름을 쪽쪽 빨더니, 그 손으로 입을 벌려 이를 살핀다.

천영

이빨도 아직 다 갈지 않은 주제에...

네 그림자? 내가?

종려 손에서 나무칼을 빼앗아 등에 메고는 벌떡 일어서는 천영, 종려를 힐끗 보고는 장독대 옆 굴뚝을 차고 담장 위로 오른다. 종려, 원숭이 같은 천영의 몸놀림에 저도 모르게 입이 벌어진다. 담장 밖으로 몸을 날리는 천영, 사라진다.

10. 천영의 집 (새벽) - 과거

동튼다. 밤새 달려 땀범벅이 된 천영, 싸리문을 박차고 들어온다. 감나무에 목을 맨 아비의 시체가 바람에 흔들린다. 잠시 얼어붙었던 천영, 깔깔거리며 웃기 시작한다. 까마귀 한 마리가 시신 머리 위에 앉더니 눈알을 파기 시작한다. 깔깔거리던 천영, 이내 울부짖으며 나무칼을 휘둘러 까마귀를 쫓으려 한다. 어디선가 날아오는 발길질. 젊은 추노꾼 광이다. 광이에게 질질 끌려가는 천영.

11. 안채 마당 - 종려의 집 (낮)

목줄이 묶인 채 안채로 질질 끌려 들어오는 성인 천영, 강제로 무릎 꿇린다. 안타까운 얼굴을 하고 웅성거리는 노비들. 울분에 찬 땔감 노비의 눈빛. 어사검을 극조에게 바치는 광이, 단도를 꺼내 제 팔에 또 한 줄 상처를 만든다. 뒤늦게 도착하는 종려, 잡혀 온 천영을 보고 놀란다. 극조에게 큰소리로 이죽거리는 천영.

천영

소인이 그리 좋소?

떠나면 잡아 오고, 떠나면 잡아 오고.

종려

(어느새 다가와 천영의 아귀를 쥐고)

제발 닥치고 있어.

천영

(뿌리치며)

도련님~ 번번이 낙방하던 우리 도련님~

(하얗게 질린 종려의 얼굴을 보고 더 기세등등)

어찌 그냥 급제도 아니고 장원급제를 하셨을까용?

천영의 말에 종려의 표정이 굳는다. 놀라 돌아보는 극조, 부들부들 치를 떤다. 무슨 소리인가 싶어 저희끼리 웅성이는 노비들. **종려의 아들(4세)**을 안은 **종려 아내**도 의아해한다. 극조, 어사검을 뽑아 천영의 목울대를 겨눈다. 겁을 먹기는커녕 개구리를 잡는 뱀처럼 달려들어 칼을 덥석 무는 천영, 이로 칼끝을 문 채 입술만 벌려-

천영

죽여라.

칼 쥔 손에 힘을 싣는 극조. 종려가 급히 다가와 극조의 귀에 속삭인다.

종려

아랫것들 눈이 번다한 중에 어찌 살인을 하려 하십니까.

'에잇!' 하며 칼을 놓는 극조. 천영은 어사검을 물고 턱으로 무게를 지탱한다. 눈물이 쏙 빠지도록 악으로 버티는 천영.

극조

(청지기에게)

저 개똥만도 못한 놈을 광에 처넣어라.

돌아서는 극조. 천영 입에서 칼을 잡아 빼는 종려. 천영은 입이 자유로워지자 종려를 올려다보며-

천영

그냥 죽여라, 네 식솔들 모조리 내 손에 죽게 만들기 싫으면.

(종려 가족 한 명 한 명을 차례로 노려보며)

네 애비! 네 어미! 네 마누라! 네 새끼!

내가 너희를 산 채로 불구덩이에 처넣어 태워 죽이리!

천영의 악에 받친 외침과 살기등등한 눈빛에 종려의 어머니가 혼절하자, 몸종이 놀라 부축한다. 기가 막히는 극조. 울음을 터뜨리는 종려의 아들. 아들을 부둥켜 안는 종려 아내, 두려움에 떨면서도 천영을 쏘아본다. 종려, 부들부들 떨더니,

종려

잡아라.

광이의 부하들이 나서 찍어 누른다. 엎어져 발버둥 치는 천영의 등에 올라타는 종려. 천영 손에 감긴 붉은 비단을 풀어 버리고 손등을 더듬더니, 손가락뼈와 뼈 사이의 틈에 칼끝을 갖다 댄다. 이를 악물고-

종려

더 이상 널... 어찌할 수 없구나.

눈 감는 종려, 칼에 체중을 싣는다. 이미 가로 두 줄이 새겨진 천영의 손에 구멍이 뚫리며 '三'자 모양이 된다. 앙다문 천영 입에서 신음이 흘러나온다. 눈물이 그렁한 채 더 힘을 줘 깊이 칼을 꽂는 종려. 땅에 꽂히는 칼끝. 웃음 지으려 애쓰는 천영. 하지만 으드득- 어금니 부러지는 소리. 참혹한 광경에 치를 떠는 노비들. 땔감 노비, 주먹을 불끈 쥐며 부르르 떤다. 눈물을 훔치는 종려, 칼을 뽑자 핏물이 바닥

에 흩뿌려진다. 활짝 웃으며 소리치는 광이, 손가락 세 개를 세워 내밀며-

광이
석 삼이요!

12. 광 - 종려의 집 (밤)

사내종들이 기절한 천영을 부축해 들어온다. 흠씬 몰매를 맞은 꼬락서니다. 조심하느라 행동이 굼뜬 종들에게 짜증 내는 청지기, 천영을 바닥에 팽개친다.

청지기
놈한테 물 한 모금 주지 말라 하셨다.
어기는 놈은 같은 꼴을 당하게 될 것이야!

청지기의 말에 호응하지 않는 노비들. 흙바닥에 얼굴을 묻은 채 미동도 하지 않는 천영을 안타깝게 보는 땔감 노비. 청지기 성화에 노비들이 나가고 혼자 남는 천영, 문이 잠기며 어둠 속에 묻힌다.

13. 어선 - 부산 앞바다 (낮)

해무가 가득 낀 바다 위의 고기잡이배. **아들 어부**, 그물을 던지다 말고 잔잔한 바다를 바라보며-

아들 어부
아부지, 새가 날개도 안 피고 공중에 떠 있을 수 있습니꺼?

아들이 가리키는 곳을 보는 아비 어부. 갈매기 한 마리가 날개를 접은 채 낮게 깔린 안개 위에 떠 있다. 제 눈을 의심하는데, 모습을 드러내는 일본군 함대. 갈매기는 세키부네*의 뱃머리에 앉아있었던 것. 이어 유령처럼 모습을 드러내는 수백 개의 붉은 깃발들. 손에 힘이 풀린 어부들. 그물이 뱃전에 떨어진다.
둥둥 북소리와 함께 화면 가득한 큰 글자.

戰

• 세키부네(関船, せきぶね) : 일본 센코쿠 시대에서 에도 시대에 걸쳐서 사용된 군용함 중 한 종류.

14. 사랑채 마당 - 종려의 집 (밤)

대문 열리고 융복 차림의 종려가 들어오며 청지기를 찾는다. 허둥지둥하는 태도.

종려

김 서방, 어머니 아직 안 주무시지?

15. 안채 - 종려의 집 (밤)

종려 어머니

(놀란 얼굴로)

임금께서 한양을 버리신다고?

잠든 아이를 안은 종려 아내, 눈물을 터뜨린다. 어머니 앞에 무릎 꿇고 앉은 종려.

종려

소자는 전하를 모시고 급히 떠나야 하옵니다.
원산 숙부님께 기별을 보내 놓았으니
아버지 퇴청하시는 대로 은밀히 출발하시지요.

몸을 일으키는 종려, 아내와 아들에게 다가선다. 울음을 내지 않으려 애쓰며 눈물만 흘리는 아내의 어깨를 안는다.

종려

수윤이를 잘 부탁하오.

애틋한 눈길로 잠든 아들의 머리를 쓰다듬는 종려, 자신의 손에 감긴 붉은 비단을 풀어 손에 쥐여 준다.

16. 별당채 - 종려의 집 (밤)

들어오는 종려, 당황한다. 벽에 걸린 청천익 아래 칼 걸이가 비었다. 뒤에 선 청지기에게-

종려

어사검이 없어.

청지기

우선 떠나시지요.

기필코 찾아 빗자리 편에 보내드리겠사옵니다.

청천익을 바라보는 종려.

17. 광 - 종려의 집 (밤)

족쇄에 묶인 채 죽은 듯 누운 천영을 내려다보는 종려.

종려

열쇠 다오.

옆에 있던 청지기, 의아한 표정으로 열쇠 꾸러미를 건넨다. 천영의 발에 묶인 족쇄를 푸는 종려, 진맥하고 딱지가 앉은 상처를 살핀다.

18. 사랑채 마당 - 종려의 집 (낮/밤) 몽타주 - 과거

어린 천영, 무표정하게 팔짱을 끼고 섰다. 왼손 등에 두 번째 그어진 흉터가 보인다. 짝- 소리와 함께 몸이 살짝 흔들린다. 대련하는 종려 대신 매를 맞는 중이다. 대청 아래 분질러진 회초리들. 또 부러지자 통에서 새것을 꺼내는 극조. 천영은 모진 매를 맞으면서도 무예 스승과 종려의 대련을 자세히 관찰한다.

곤히 잠든 종려의 입을 막는 누군가. 놀라 눈을 뜨면, 천영이다. 밖으로 나오라는 듯 턱짓하는 천영.

천영에게 끌려 나온 종려. 졸려 죽겠다. 손에 목검을 쥐여 주는 천영.

천영

이제부터 낮에 내가 한 대 맞으면 넌 밤에 나한테 두 대 맞는다.

자세 잡아.

(종려가 하품하면서도 자세를 잡자)

네 스승 놈 공격은 뻔해.

상단으로 시작하면 무조건 오른쪽으로 이어진다.

중단으로 시작하면-

종려

찌르기. 그다음, 허리.

천영

(의외다)

아네? 그럼 해 봐.

손에 힘을 넣는 종려, 목검을 휘두르는데 제법 잘한다. 그러나 마지막에 칼을 멈춘다.

천영

뭐해? 치지 않고.

머뭇거리는 종려, 조심스럽게 친다. 더 세게 공격하는 천영. 어깨를 맞고 아파하는 종려.

천영

이렇게 치라고! 부모의 원수라고 생각하고.

종려

(해맑은 얼굴로)

원수 아니잖아.

한숨을 내쉬는 천영.

호롱불 밑에서 책을 읽던 극조. 목검 부딪히는 소리에 창을 열고 밖을 내다보자, 천영과 종려가 대련하고 있다. 즐거운 표정으로 무예 연습을 하는 종려. 족집게처럼 종려의 문제점을 교정해 주는 천영. 뭔가 깨닫는 극조.

무예 스승과 대련하다 실수하는 종려. 극조가 회초리를 들고 천영도 맞을 준비를 하는데, 종려가 곧바로 실수를 만회한다. 표정이 밝아지는 극조와 천영. 대청 아래 부러진 회초리 숫자가 눈에 띄게 줄었다.

행랑채 툇마루에 퍼질러 앉은 천영, 싸리나무를 다듬어 회초리를 만든다. 사랑채에서 종려가 나온다. 어안이 벙벙한 표정으로 천영에게 다가오는 종려.

종려

내일부터 너하고 대련하라셔.

천영

진짜? 그럼 이제 회초리 안 맞아도 되는 거야?

고개를 끄덕이는 종려. 으헝- 울음보가 터지는 천영, 회초리들을 몽땅 꺾으려 한다. 한 번에 하려니 잘 안된다.
종려, 네다섯 개씩 나누어 천영에게 주고 저도 한 묶음 잡는다. 동시에 힘주어 꺾어 버리는 천영과 종려.

19. 훈련 몽타주 (낮/밤) - 과거 (시간 경과)

낮. 극조 앞에서 대련을 벌이는 종려와 천영. 천영의 공격에 쓰러지는 종려. 극조의 심기 불편한 표정. 입 모양으로 얼른 일어나라고 하는 천영. 다시 일어나 공격하지만 반복해 쓰러지고 자빠지는 종려. 천영의 기술에 감탄하던 무예 스승, 흠칫 극조의 눈치를 살피더니 입 모양으로 천영에게 주의를 준다. 더 강하게 공격하는 천영.

야간 대련. 종려, 천영의 검을 막다 휘청하며 밀려난다. 천영, 잠시 고민하더니 자세를 잡는다.

천영

힘이 약하니 막기만 하면 안 되겠어.

공격해 봐.

종려가 공격해 오자 날렵하게 피하며 측면으로 위치를 이동하는 천영, 허리를 향해 칼을 내리친다.

낮, 무예 스승의 허리를 내리치는 종려. 허리를 잡고 비명을 지르는 스승. '옳거니!' 하며 무릎을 치는 극조. 천영도 환호한다. 스승이 아파하자 안절부절못하는 종려, 극조의 표정을 살핀다. 만족스러워하는 극조. 종려, 천영과 눈빛을 교환한다.

밤, 잠자리에 나란히 누운 종려의 부모. 밖에서 목검 부딪히는 소리가 딱-딱 들려온다.

종려 어머니

요샌 도망칠 궁리를 안 하네요.

(소리가 또 들려오자 고개를 들며)

아이고, 이렇게나 야심한데...

마당에서 심야 대련을 벌이는 종려와 천영.

밤하늘을 가르는 목검들이 진검으로 바뀐다. 진검에 언뜻언뜻 반사되는 천영과
종려의 얼굴, 소년에서 성인으로 변한다.

무과 시험이 벌어지는 과장, 훈련원. 천영이 긴장한 종려와 함께 정문 앞에 선다.
입문관이 종려의 이름을 부르자, 무기와 도시락을 건네는 천영. 심호흡하고 다른
응시생들에 섞여 과장 안으로 들어가는 종려. 걱정스러운 표정의 천영.

고개를 푹 숙이고 마당에 선 종려. 옷에 묻은 흙먼지, 소매도 실밥이 뜯어져 덜렁
덜렁. 고개 푹 숙인 종려와 천영. 쏘아보던 극조, 말없이 문을 닫는다.

야간 대련. 팽팽히 싸우다 위기 상태가 되는 천영. 그 틈을 타 내리치려다 멈칫하
는 종려, 바로 반격하는 천영. 칼에 맞는 종려, 지친 듯 흙바닥에 주저앉는다. 천영
이 역정을 낸다.

천영
네 칼엔 분노가 없어.

종려
(잠시 생각하다 일어나며)
걱정 마...

20. 광 - 종려의 집 (밤)

일어나는 종려, 천영을 내려다보며-

종려
...진짜 적만 만나면 내 칼에도 분노가 실릴 터이니.

종려, 광을 나선다. 따라 나가는 청지기. 문이 쾅 닫힌다.

21. 안채 마당 - 종려의 집 (밤)

정신없이 피난 짐을 챙기는 종려네 식구. 가채 쓰고 단장하는 종려 어머니를 돕는
여종들.
짐을 나르면서도 술렁이는 노비들.

똥담사리
부산성 날아간 지 얼마나 됐다고 벌써 용인?
말이 되는 소릴 혀.

불담사리
북쪽 오랑캐 조지던 신립 장군 부대가 전멸을 했다잖어.
안 그러면 왜 피난 채비를 하겠는가?

똥담사리
써부럴. 보통 전란이 아닌 것 같은데.

몽둥이를 들고 성큼성큼 나타나는 청지기, 다짜고짜 똥담사리 등짝을 발로 찬다.
바닥에 널브러지는 똥담사리.

청지기

아무리 손버릇 나쁘기로 호가 난 놈이라지만

감히 임금님 하사품에 손을 대?

긴말 필요 없고, 어서 내놔.

똥담사리

(억울해 동그랗게 뜬 눈으로)

도대체 무슨 소리 하시오?!

청지기

난리 통에 아무도 모를 줄 알았니?

어림도 없다, 이놈! 내 손에 한번 죽어 봐라.

(다듬잇방망이를 집어 구타하자 다른 노비들이 비명을 듣고 몰려온다)

어디다 감췄니? 냉큼 말하지 못해?

땔감 노비

(천둥 같은 소리)

그걸 왜 재한테 물어!

사람들, 일제히 돌아본다. 어사검을 든 땔감 노비가 걸어 나온다. 물이 갈라지듯
사람들이 길을 내준다.

청지기

너, 그 칼...

땔감 노비
저 저 똥담사리 똥 싼 꼴 좀 봐라.
이 양반 똥구녕이나 빠는 놈아.

청지기가 어버버하는 동안, 땔감 노비의 아내가 거적때기를 바닥에 던지듯 펼치
자 낫과 곡괭이 등이 우수수 떨어진다. 너나 할 것 없이 집어 드는 노비들.
경악하는 종려 어머니. 아이를 데리고 별당에서 나오던 종려 아내, 심상치 않은
분위기에 뒷걸음쳐 숨는다.
청지기의 가슴에 칼을 깊숙이 찔러 넣는 땔감 노비. 경악하는 종려 어머니를 향해
고개를 돌리는 땔감 노비.

땔감 노비
노비문기 어디 있냐?

22. 사랑채 마당 - 종려의 집 (밤)

문 열리고 극조가 잰걸음으로 들어온다. 빗자리가 허리를 깊이 숙여 마중한다. 극
조가 인사를 받는 둥 마는 둥 하며 안채로 향하는데 낫을 들고 뒤에서 덮치는 빗
자리. 노비 여럿이 튀어나와 각종 흉기로 공격한다. 처참하게 죽어가는 극조.

23. 안채 - 종려의 집 (밤)

재갈이 물리고 온몸이 묶인 채 방에 내동댕이쳐지는 종려 어머니. 언년이와 기별

이 등 여종들 앞에 선 땔감 노비 아내가 노비문기에 불을 붙인다. 불빛에 번득이는 눈동자.

땔감 노비 아내
(종려 어머니에게)
이제 니년이나 내년이나 똑같어! 알어?

여종들, 감격에 겨워 오열한다. 종려 어머니 위로 이불이 덮인다. 땔감 노비 아내, 불타는 노비문기를 이불에 던진다.
삽시간에 안채 건물로 번지는 불. 광기에 사로잡힌 노비들은 집안을 약탈하기 시작한다.

24. 광 - 종려의 집 (새벽)

매캐한 연기가 새어 들어오자 콜록거리며 눈을 뜨는 천영. 족쇄가 풀려 있음을 깨닫고 일어난다. 문을 향해 몸을 날린다.

25. 안채 - 종려의 집 (새벽)

맥없이 문이 열리며 바닥에 나뒹구는 천영, 불길에 휩싸인 건물을 보고 어안이 벙벙해진다. 약탈하다 흘린 도자기나 서책 따위가 어지럽게 흩어졌고, 고삐 풀린 말 한 마리가 돌아다닌다. 별당 기둥에 매달린 시체의 실루엣. 벗겨진 상체에 칼까지 꽂혔다. 달려가 살펴보는 천영. 청지기임을 알고 안도한다. 가슴에 꽂힌 어사검을 뽑고 종려의 방으로 달려가 문을 여는 천영.

불길이 번지는 빈방. 벽에 걸린 청천익에 불이 옮겨붙으려 하자 집어 들고나온다.

어디선가 들려오는 아이 울음소리. 불타는 안채 건물을 배경으로 울고 있는 종려
의 아들 수윤, 그리고 안채를 집어삼킨 불길을 멍하니 바라보는 종려 아내. 수윤
의 손에 들린 붉은 비단을 보고 다가가는 천영.

천영
아버지 어디 있니?

돌아보는 종려 아내, 청천익을 손에 쥐고 검을 든 천영의 귀신같은 몰골을 보고
흠칫한다. 수윤의 손에서 붉은 비단을 빼앗아 들고 다그치는 천영.

천영
네 아비 어뎄냐고!

종려 아내가 은장도로 천영을 찌르고 아이를 끌어안는다. 쇄골 아래를 찔린 천영,
황당해한다. 두려움과 적개심 가득한 눈빛으로 천영을 노려보는 종려 아내. 수윤
과 함께 점점 불구덩이 쪽으로 뒷걸음친다.

천영
(다가가며)
뭐 하는 거요 아씨, 이리 오시오.

종려 아내
물러나거라, 이 짐승 놈아!

멈칫하는 천영. 뒷걸음치다 댓돌에 걸려 넘어지는 종려 아내. 천장 한쪽이 무너져
내리며 불꽃이 더 일어난다.

천영

죽고 싶어요? 빨리 나오라고!

천영, 안 되겠다 싶은지 칼을 내려놓고 다가가는데, 종려 아내가 아이를 안은 채
불 속으로 뛰어든다. 천장이 마저 무너지며 안채는 삽시간에 불구덩이가 된다. 붉
은 비단을 손에 쥔 채 좌절하는 천영.

26. 홍제 부근 몽진 행렬 (새벽)

사등롱*들이 줄지어 춤춘다. 걸으면서도 통곡하는 궁인들. 호종하는 문무관이 일
백도 되지 않는 초라한 행렬. 꼴에 왕의 행렬을 상징하는 교룡기 앞세웠다. 중
전과 후궁들을 태운 교자 뒤로 철릭에 흑립을 쓴 선조가 말을 탔고, 광해군이 뒤
를 따른다. 마상에서도 조는 선조, 빗방울이 떨어지자 찡그리며 슬쩍 소매를 내려
손등을 덮는다. 겸사복장으로 선조를 호위하는 종려.

27. 대문 앞 - 종려의 집 (새벽)

도착하는 광이. 불타는 광경에 놀라며 서둘러 말에서 내려 안으로 들어간다. 처참
하게 난자당해 널브러진 극조를 보고 경악하는 광이. 안채 쪽으로 달려가는데, 말

• 사등롱(紗燈籠) : 비단으로 거죽을 씌운 등불.

한 마리가 안채 담을 넘어온다. 놀라는 광이, 말 탄 천영과 눈이 마주친다. 청천익을 휘날리며 그대로 집 밖으로 빠져나가는 천영.

28. 홍제 부근 몽진 행렬 (새벽)

거세지는 빗줄기에 사등롱이 꺼진다. 가마꾼 하나가 미끄러지며 교자를 놓친다. 튕겨 나와 진흙탕에 뒹구는 중전. 선조가 혀를 차는데, 중전이 뭔가를 보고 멍한 표정이 된다. 선조, 의아해하는데 행렬 뒤로부터 나인들 울부짖는 소리가 들불 번지듯 가까워진다. 고개 돌리는 선조와 대신들. 도성 방향에서 거대한 불이 보인다. 선조, 기겁해서-

선조

왜군이 벌써 도성에 닥쳤느냐?

상선

아직 한수를 넘지 못했을 것입니다.

선조

그럼 누가 저렇게...?

(손가락으로 가리키며)

...저기는 궁이 아니냐?

(누구 하나 차마 진실을 고하지 못하고 머뭇거리자,

성난 선조가 재차)

누가 경복궁에 불을 질렀냐고 묻지 않느냐?

이덕형

(다급히 달려와 조아리며)

참람하옵게도 도성의 백성들이...

이해가 안 되는 선조, 고개를 갸우뚱 -

선조

백성이? 내 백성이? 아니, 왜?

아무도 말 못 하고 고개만 조아린 가운데, 불타는 경복궁을 보며 불안감이 증폭되는 종려.

29. 광화문 앞 - 경복궁 (새벽)

비가 쏟아지고 천둥번개까지 더해진다. 불타는 광화문, 그리고 밀물 썰물처럼 드나드는 사람들. 나오는 사람들 손에는 약탈한 물건들이 들렸다. 말 타고 도착한 천영. 백성들이 궁을 약탈하는 풍경에 충격을 받는다. "왕이 왜군을 피해 달아났다.", "그딴 게 임금이야?"라는 분노에 찬 소리가 들려온다. 극에 달한 혼란. 정신을 찾으려는 듯 빗물에 얼굴을 씻고, 붉은 비단을 손에 감는 천영. 약탈품을 들고 나오는 무리를 거슬러 근정문으로 들어선다.

30. 근정전 앞 - 경복궁 (새벽)

거대한 불길에 휩싸인 근정전 앞에 이르는 천영, 생전 처음 보는 광경에 입이 벌어진다. 광기 어린 축제가 벌어지듯 환호하고 울부짖고 약탈하고 아귀다툼을 벌이는 사람들의 모습이 지옥도를 방불케 한다. 빗속에서도 타오르던 근정전이 이내 괴수의 비명 같은 굉음과 함께 무너져 내린다. 약탈자들도 동작을 멈추고 본다. 천영, 놀라움과 씁쓸한 표정으로 지켜보는데 누군가 팔을 잡는다. 중인 차림의 남자, **삼문**(40대).

삼문
관군은 죄 달아난 줄 알았습니다그려.

31. 군기시*앞 광장 (아침)

군기시 앞 광장에 모인 각양각색의 백성.

열혈남
왜놈들이 배를 엮어 다리를 만들고 있다 합니다.
이미 용진나루를 넘었다 하니 동쪽에서 쳐들어올 성싶소.
왕까지 줄행랑을 쳤으니 우리는 스스로 지켜야 합니다.

삼문
(소리)

• 군기시(軍器寺) : 무기의 제조 등을 관장한 관청.

여기 군관 한 분을 모셔 왔소!

돌아보면 삼문과 함께 다가오는 천영. 반색하는 사람들.

무지렁이

죄 무지렁이들뿐인데 잘됐구려.
무관 나리께서 이끌어 주시오!

머뭇거리다가 사람들 시선이 자신에게 꽂히자 하는 수 없이 나서는 천영.

천영

창, 칼, 활 다룰 줄 아는 분 나오시오.
(생각보다 적은 수에 난감하다)
사내들이 이리 많은데, 이게 답니까?
군역 갔다 온 이 없소?

'군역? 그럼 양인이잖어?' '여자는 빠지란 소리네.' 웅성거리며 흩어지려는 사람
들.

삼문

신분이 낮다 저어하지 말고 썩 나와 보시오!
나라에 공을 세우면 양인은 상 주고 천민은 면천시켜 준 예가 있소!

'면천'이라는 단어를 듣자 눈빛을 빛내는 천영. 사람들도 술렁인다. 지켜보던 광대
무리 속 10대 소년(이하 막내), 앞으로 나선다.

막내

돌팔매로는 내가 한수 이북에서 으뜸이오.

황급히 막내를 끌어당기며 등짝을 때리는 엄마. 큰소리치는 막내를 비웃는 사람들. 난을 겪는 사람들답지 않게 태평하고 왁자지껄한 분위기에 난감한 천영.

천영

또 없소?

허리춤에 넓적한 칼을 찬 사내 하나가 나선다.

백정 의병

소 잡는 칼도 칼로 쳐주나?

삼문

(반기며)

백정님도 얼른 이리 서시오.

백정 의병

백정 놈 살다 살다 갓쟁이한테 님 소리를 다 들어 보네.

사람들 웃는다.

32. 중랑포 마을 (낮)

강을 건너는 일본군의 위용. 그 한가운데, 사무라이 갑주 차림에 도깨비 탈을 쓴
겐신이 보인다.

33. 임진강 나루터 공터 (해질녘)

초라한 행색의 몽진 행렬, 해지는 강가에 도착한다. 나루터 옆 오두막에 용교의*
를 펴는 내시. 선조, 앉으며-

선조
시장하여 기력이 없구나.

상선이 다급히 수라간 나인을 찾고, 광해는 어서 배를 준비시키라고 소리친다. 부
하들에게 경계 지시를 내리는 종려.

34. 중랑포 마을 (밤)

거침없이 백성을 도륙하는 일본 병사들. 돈 될 만한 것들은 쓸어 와 궤짝에 담고
는 집에 불을 지른다. 수레 위에 약탈한 물건과 곡식이 산처럼 쌓인다.
무녀 하나가 신당에서 끌려 나와 내팽개쳐진다. 굿할 때 쓰는 칼을 휘두르며 저항
해 보지만 헛수고다. 일본 병사들이 이내 제압하고 끌어안는다.

• 용교의(龍交椅) : 임금이 사용하는 휴대용 접이의자.

말 탄 겐신을 올려다보며 퍼붓는 무녀의 저주. 손이 묶인 채 끌려다니는 조선인이
통역한다.

무녀

네 이놈!

네 놈은, 네 놈 손에 든 칼로 목이 꿰뚫려 죽으리라!

포로 조선인

殿の刀が殿の首を突刺すと...。

장군님은 장군님의 칼에 목이 꿰뚫릴 거라고...

겐신

わしの刀が、わしの首を？

내가 내 손으로 나를?

(어처구니없어 픽 웃더니)

はて？ こうか°

어떻게? 이렇게?

칼을 꺼내 무녀의 목에 꽂는다.

35. 임진강 나루터 공터 (밤)

나인들이 가져온 왕의 식사. 밥과 김치, 손바닥만 한 도루묵 한 마리.

선조

이게 다냐?

처음 보는 생선이구나...?

나인

죽여 주시옵소서, 인근 민가를 죄 뒤졌으나...

나인이 흙바닥에 엎드려 통곡하는데, 어디선가 날아오는 돌멩이. 놀라 돌아보자, 한 무리 백성이 몰려든다. "저기 있다!" 소리치더니 돌을 던진다. 돌에 맞는 나인. 광해가 선조를 감싼다.

이덕형

무슨 짓들이냐!

습격 백성 1

고혈 빨아먹을 때는 언제고 제일 먼저 줄행랑이오?

습격 백성 2

하다 하다 이제, 제사에 쓰려고 아껴 둔 생선까지 뺏어가?

겸사복 1

죽고 싶으냐! 어찌 어도를 막아서느냐.

습격 백성 3

왕 도망길은 어도고, 백성 갈 길은 저승길이냐? 에라이!

여기저기 들불처럼 번지는 돌팔매. 달려가 칼을 뽑는 종려. 차마 베지 못하고 위협만 할 뿐이다. 선조를 피신시키는 광해. 겸사복2가 덤벼드는 백성을 베자, 그 피가 종려의 얼굴에 튄다. 얼이 빠진 얼굴의 종려. 그때, 멀리서 들려오는 말발굽 소리에 고개를 돌린다. 긴장하는 사람들. 종려도 다급히 일어나 칼을 곧추세우고 경계한다. 단기필마로 달려오는 광이다. 종려, 불길한 예감에 일그러진 얼굴로 광이에게 다가가-

종려
어찌 이리로 오느냐?
어찌 혼자 오느냐?

광이
아뢰옵기 참람하오나, 노비들이 댁에 불을 지르고...

말을 차마 잇지 못한다. 이해가 안 되는 종려, 고개를 갸우뚱 -

종려
노비들...? 내 노비들이? 아니, 왜?
내 식솔은?

광이
(괴로운 표정으로 고개를 조아리며)
소인이 도착했을 땐 화마에 휩쓸려 이미...

종려
...수윤이까지? 모두?

광이의 표정을 읽고 충격에 다리가 휘청하는 종려, 나무에 기대 몸을 가누려 하는데-

광이

나리의 청천익을 입고 말을 훔쳐 달아나는
천영이 놈을 보았습니다.

얼어붙는 종려. 믿기 어렵다는 표정. 그러나 어가를 습격한 백성들을 보며 모든 것이 이해되기 시작한다. 종려의 분노가 출구를 발견한다. 성큼성큼 걸어가더니 습격 백성을 가차 없이 베어 죽이는 종려. 피가 종려 얼굴에 비처럼 뿌려진다. 광기에 찬 종려의 눈빛에 흠칫하는 광이.

종려

천영이 놈을 내 앞에 끌고 와라... 언제고.

광이에게 지시를 내리고 몸을 돌리는 종려. 폭도들에게 달려가 서슴없이 베기 시작한다.

36. 중량포 마을 (밤)

절벽 위로 말을 달려 올라와 마을을 내려다보는 겐신과 휘하 기병들.

농기구를 들고 일본군에 맞서 보는 백성들. 조총을 앞세운 일본군의 반격에 속절없이 무너진다. 어디선가 날아드는 돌멩이에 맞아 차례로 쓰러지는 일본 병사. 돌아보면 길 한가운데 혼자 선 막내, 물매로 일본 병사들을 쓰러뜨린다. 칼을 뽑아 들고 달려가는 일본군. 빠르고 강력하게 물매를 휘두르는 막내. 머리를 강타당하고 쓰러지는 일본 병사. 더 많은 일본 병사가 몰려든다. 막내가 뒷걸음치며 도망치자-

천영

(소리)

방패수 앞으로!

명령이 떨어지자, 좌우의 골목에서 방패수들이 나타나 진을 짜고 그 뒤로 궁수들이 선다. '발사' 명령에 일제히 각궁을 쏘는 의병들. 그중 삼문이 있다. 쏟아지는 화살에 줄줄이 쓰러지는 일본 병사들.

일본 병사

罠じゃ！

함정이다!

인근 절벽 위, 의자를 놓고 이 상황을 흥미롭게 내려다보는 일본군 지휘관, **겐신** (30대).

겐신

面白い策を立てておる。

재밌는 전술을 쓰는구나.

예상 밖의 상황에 당황하며 도망치는 일본군들. 명령도 없는데 멋대로 '됐다!' '쫓아라!' 소리치며 골목에서 튀어나와 일본군을 쫓는 의병들. 진이 무너지자 당황하는 삼문. 막내도 물매에 돌멩이를 장전하고 다시 앞으로 나서려는데, 목덜미를 잡아채는 삼문.

삼문
아직이다! 진을 유지하라!

의병들이 몰려들자 다급히 전열을 갖춘 조총 부대가 반격한다. 날아온 총알에 방패가 뚫리고 의병 여럿이 쓰러진다. 골목으로 흩어지는 의병들. 동료의 죽음을 보고 무모하게 달려들다 쓰러지는 의병들이 뒤엉켜 혼란한 상황. 몸을 숨기고 조총 부대의 운용방식을 자세히 지켜보는 천영. 손가락으로 수를 센다. 막내와 눈빛을 교환하더니 어디론가 사라지는 천영.

의병들을 사살하던 조총수들이 다시 교대하는 순간, 이층집 지붕에서 조총 부대 한가운데로 뛰어내리며 뒤에서 목을 치는 천영. 그 모습을 본 막내가 '지금이야!' 소리친다. 농기구와 장창을 들고 뒤따르는 의병들. 소 잡는 칼로 일본 병사들의 머리통을 찍어 버리는 괴력의 백정 의병. 혼비백산하는 일본 병사들. 적의 피로 덮이는 천영의 얼굴, 광기에 찬 표정.

지켜보던 겐신의 미간이 찌푸려진다.

겐신
<ruby>青木<rt>あおき</rt></ruby>、<ruby>騎馬兵<rt>きばへい</rt></ruby>3<ruby>人<rt>さんにん</rt></ruby>と<ruby>共<rt>とも</rt></ruby>に、<ruby>右方<rt>みぎかた</rt></ruby>を<ruby>崩<rt>くず</rt></ruby>せ。
아오키, 기마병 셋과 함께 우측을 깨라.

지시에 따라 출동하는 아오키.
일본군을 베던 천영, 비명에 고개를 돌린다. 측면에서 치고 들어오는 일본 기마병들. 의병의 대오가 일시에 무너지며 혼란에 빠진다. 일본군의 칼에 처참하게 쓰러지는 의병들. 그 모습을 보고 피가 거꾸로 솟는 천영.

37. 임진강 나루터 공터 - 선착장 (밤)

왕에게 달려드는 폭도를 향해 사정없이 칼날을 휘두르는 종려. 과잉진압이다. 광해군이 소리친다.

광해군
겸사복장은 전하를 보호하시오!

종려, 고개 돌리면 선조를 향해 달려드는 습격 백성들. 선착장으로 달려가며 백성을 베는 종려. 잔교를 달려 서둘러 배에 오르는 선조. 광해군이 중전을 부축한다. 뒤를 따르던 후궁, 허둥대다가 물에 빠지고 만다. 이덕형이 '용서하소서-' 하더니 후궁의 손을 잡고 건져낸다. 대신들과 나인들이 서열대로 배에 오른다. 늙은 뱃사공이 선조에게 절을 한다.

선조
어서 배를 띄워라!

군졸들의 방어선을 뚫은 백성들이 미처 배에 오르지 못한 대신들을 끌어내려 몰매 놓는다. 포구를 떠나는 뱃전에 매달리는 백성들. 독기 오른 표정의 종려, 뱃전에 매달린 백성의 손목과 목을 사정없이 벤다.

38. 중량포 마을 (밤)

처참히 죽어 가는 의병들. 일본 병사 하나가 창으로 막내를 공격해 온다. 위기의 순간 나타나 일본 병사를 베는 천영, 내쳐 아오키에게 달려가 칼을 휘두른다. 겨우 막아 낸 아오키가 달아나려고 말 머리를 돌리는 순간-

겐신

あおき　うし
青木、後ろじゃ！

아오키, 뒤!

어느새 코앞으로 다가온 천영의 모습에 당황한 아오키, 칼을 치켜드는데 천영의 칼이 아오키가 입은 갑주의 빈틈- 겨드랑이로 쑥 들어가더니 옆구리를 그으며 내리꽂힌다. 갑주의 매듭이 후드득 잘리며 고꾸라지는 아오키, 낙마한다. 미간을 찌푸리는 겐신. 아오키의 말에 오르는 천영, 절벽 위 겐신을 올려다보더니 말을 몰아 그리로 간다.

천영이 말 달려 다가오자, 튀어 나가는 겐신의 또 다른 부관 혼다. 나기나타*를 휘두르며 천영을 향해 달려간다. 날렵하게 피하며 나기나타를 두 동강 내는 천영, 혼다의 뒷덜미를 낚아채 낙마시킨다. 말에서 뛰어내려 투구를 벗기고 목을 긋는 천영, 겐신을 향해 다가간다. 또 다른 부관이 나서려 하자 손을 들어 막는 겐신, 천영 앞에 나선다. 씬 34의 조선인이 통역한다. 천영의 왼손을 감싼 붉은 비단을 주시하는 겐신.

겐신

われ　　こにしたい　せんぽうたいしょう　きっかわげんしん
我こそは小西隊の先鋒大将、吉川玄信なり。

みぶん　な　あか
身分と名を証すのじゃ。

• 나기나타(薙刀) : 장창 끝에 검이 달린 일본의 전통적 장병기.

나는 고니시 부대의 선봉장 깃카와 겐신이다.
신분과 이름을 밝혀라.

포로 조선인

이분은 고니시 부대의 선봉장 깃카와 겐신이시다.
신분과 이름을 밝혀라.

천영

내 신분은... 개고, 내 이름은...

포로 조선인

身分は犬で...、

신분은 개고...

천영

으음... 새끼라고 전해라!

포로 조선인

(천영이 다음 말하기를 기다리다가)
名は...畜生と...。

이름은 새끼라고...

포로 조선인의 통역이 채 끝나기도 전에 말을 달려 벼락처럼 칼을 내리치는 천영.
전광석화처럼 칼을 뽑아 맞받아치는 겐신. 서로의 칼을 버티며, 눈빛을 교환하는
두 사람. 겐신, 천영의 칼날에 적힌 이름을 읽는다. '李宗呂'.

39. 임진강 나루터 (밤)

피를 뿜으며 임진강에 쓸려 가는 사람들. 뱃전에 멍하니 서서 참상을 지켜보는 선조. 광해군이 선조의 시야를 막아선다.

광해군
아바마마, 안정에 담아두실 광경이 못 되옵니다. 이리로...

선조
혼아 혼아... 이 애비가 도성을 버린 것이 잘못이냐?
왕에게 내일이 있어야 나라에 내일이 있지 않으냐?

광해가 바로 대답을 못 하자 서둘러 나서는 상선.

상선
전하의 뜻이 정당하옵니다.

점차 차갑게 변해 가는 선조의 표정.

선조
과인을 내려 주고 나면 나루를 끊어라.

눈이 휘둥그레지는 광해군과 이덕형.

이덕형
전하. 나루를 끊으면 백성들의 피난길이 끊기게 되옵니다!

선조

이 배 또한 가라앉혀야 하리. 또한!

적병이 뗏목을 만들까 저어되니 집들도 모두 태워라.

선조의 광기에 할 말을 잃은 이덕형과 광해군. 배에 매달린 마지막 백성을 베어 떨어뜨리는 종려, 피칠갑이 된 모습으로 도성 쪽을 바라본다. 멀리 북한산 너머 피어오르는 연기. 눈물을 뚝 흘리는 종려.

40. 중량포 마을 (밤)

천영을 밀어붙이는 겐신. 처음 보는 현란한 칼솜씨를 상대하는 천영, 점점 힘에 부친다. 어느새 포구 인근 절벽까지 밀리는 천영. 칼 들 힘도 없는 듯 지친 모습. 득의만만한 표정으로 거리를 좁히는 겐신.

겐신

...朝鮮にも、まともな剣の使い手がおったのか、
面白い。もう、弱りおったか。

조선에도 검을 제대로 쓰는 자가 있다니, 아주 재밌는데.

벌써 지쳤나?

조선인 통역

조선인답지 않게 검을 제대로 쓰는구나. 벌써 지친 거냐?

천영

(다시 칼을 들며)

배고파서 그래, 배고파서.

조선인 통역

腹が減っとると。

<u>배가 고파서 그렇다고 합니다.</u>

불시에 공격하는 겐신, 그의 칼에 청천익이 베어 흩날린다. 그러나 어느 틈에 공격당했는지 얼굴을 가리고 있던 도깨비 탈이 두 동강 나며 겐신의 얼굴이 드러난다. 뺨에 난 큰 상처에서 피가 뚝뚝 떨어진다. 어처구니없다는 듯 웃는 겐신, 검을 한 자루 더 빼 든다. 안절부절못하는 겐신의 부관들과는 달리 제대로 된 상대를 만난 듯 전력을 다해 쌍검을 휘두른다. 힘겹게 대응하는 천영, 상처 입는다.

겐신

何故、力を出しきろうとせぬのか。

<u>왜 전력을 다하지 않나?</u>

조선인 통역

왜 전력을 다하지 않나?

천영

그러지 말고 주먹밥 남은 거 있으면 좀 다구.

조선인 통역

握り飯分けてくれんかと。

<u>주먹밥 좀 달라고 합니다.</u>

다시 자세를 잡는 천영, 지쳤지만 여유 있어 보인다. 천영의 말에 자존심이 상한

겐신, 더 세차게 공격을 퍼붓는다. 손에 힘이 빠져 어사검을 놓치는 천영. 팅겨 나간 어사검이 겐신과 가까운 쪽 절벽 너머로 떨어지려 한다. 달려가며 손을 뻗는 천영. 이대로는 어사검을 붙잡는다 해도 추락이다. 이해할 수 없는 천영의 행동에 눈이 휘둥그레지는 겐신. 기어코 어사검을 손에 쥔 천영, 절벽 아래로 추락하면서도 몸을 돌려 칼을 올려친다. 그대로 날카로운 곡선을 그리더니 도깨비 투구의 뿔 장식 하나를 잘라 내는 칼. 겐신의 시야에서 사라지는 천영. 첨벙- 소리가 들린다. 절벽으로 달려가 내려다보는 겐신, 천영을 찾을 수 없자 분노로 이를 부드득 간다.

불타는 한양 도성의 불길이 비쳐 핏빛으로 일렁이는 한강 물. 둥둥 북소리와 함께 화면 가득한 큰 글자.

41. 한양 풍경 (낮)

잿더미로 변해 흉물이 된 경복궁. 그 위로 자막- 7년 후.
불에 탄 광화문 앞, 황량한 육조거리를 지나가는 수레. 거적에 덮인 시체 몇 구가
실렸다.
민가 쪽으로 접어드는 수레. 피골이 상접해 널브러져 있거나 먹을 것을 놓고 아귀
다툼을 벌이는 사람들. 썩은 시체로 물길이 막힌 개천, 들개며 까마귀들이 시체를
뜯는다.

42. 곳곳 - 종려의 집 (낮)

안채와 별당채를 비롯한 집안 곳곳이 불에 탔고 극조가 기거하던 사랑채와 몇몇
건물만 무사하다. 잿더미가 된 안 채 앞에 선 종려, 인기척에 돌아보면 관군 복장
을 한 광이.
광이와 함께 대문을 나서는 종려. 광이 부하들, 고개를 조아리며 맞이한다. 육조
거리를 지나갔던 수레가 놓여 있다. 광이가 거적을 걷는다. 처참하게 주살당한 땔
감 노비와 몇몇 노비들.

종려

천영이 놈은?

광이

다시 찾아보겠습니다. 살아만 있다면 꼭...

종려

(말 끊으며)

살아 있다.

알았다는 듯 묵례하는 광이 일행. 엎드린 몸종의 등을 밟고 준비된 말에 오르는 종려.

43. 버려진 산성 - 의병 주둔지 (낮)

멀리 바다가 내려다보이는 산속 넓은 공터. 듬성듬성 선 앙상한 나무들에서 새순이 돋아나고 아지랑이가 피어오른다. 한쪽에서는 병장기들을 수선하고, 한쪽에서는 삼베 주머니에 담은 동백기름 떡으로 병장기에 기름칠하고, 한쪽에서는 그렇게 기름칠 된 병장기들을 무기 함에 정리하는 의병들. 그 옆에서 무기를 손질하는 막내.

높은 곳에서 내려다보는 천영. 오랜 야전 생활에 거칠어진 피부, 손에 감겨 있는 붉은 비단, 허리춤의 어사검. 청천익은 소매와 목이 모두 해졌고 색깔도 많이 바랬다. 천영의 시선으로, 경사진 공터를 내려가는 수백 명의 의병들. 그 광경을 감개무량한 표정으로 지켜보는 의병장 **김자령(40대 후반)**. 다가와 절하는 의병 한 명 한 명의 손을 잡아 주고 어깨를 두드린다.

김자령

수고들 많았네.

김자령에게 큰절하고 이별을 아쉬워하는 의병들. 구덩이 옆에 쪼그리고 앉아 떨

떠름한 표정으로 그 모습을 지켜보는 여인 **범동(30대)**, 마른 몸이지만 단단해 보이는 눈빛. 쇠도리깨를 어깨에 걸쳤다. 천영이 다가와 옆에 서자-

범동
저렇큼 옴빡 보내 부려도 될랑가 싶다잉.

천영
전쟁도 끝났으니 이제 피 볼 생각일랑 그만하고 밥 먹을 궁리들 해야지.

범동
(쇠도리깨를 짚고 일어나며)

참말로 끝나븐 게 맞냐?

두 번 쳐들어온 놈들이 세 번은 못 허겄냐.

44. 석어당 1층 - 정릉동 행궁 (낮)

불탄 민가들 사이에 있는 왕족의 기와집. 기적적으로 멀쩡해 보인다. 자막- 월산 대군 사저.

내시들이 선조에게 의관을 순서대로 입힌다. 내시가 든 경대를 통해 얼굴의 검버섯을 살피는 선조, 흠- 탐탁지 않은 표정. 내시들이 곤룡포를 입혀 주자 비로소 표정이 밝아진다.

선조
얼마 만에 입어보는 곤룡포냐.

난이 끝나니 세상 운행이 순리를 따르는구나.

이렇듯 궁도 새로 지어야 할 텐데 말이다...

상선
망극하옵니다.

45. 버려진 산성 - 의병 주둔지 (낮)

막내가 뭔가를 발견한다. 하산하는 의병들 사이를 거슬러 올라오는 삼문. 천영의 얼굴에 화색이 돈다. 그러나 천영과 눈을 마주친 삼문, 일이 잘 안됐다는 듯 고개를 가로젓는다. 이내 표정이 어두워지는 천영.

46. 편전 - 정릉동 행궁 (낮)

사랑채 대청마루에 차려 놓은 음식상. 잘 차려진 음식을 바라보는 **좌의정 이덕형**의 표정이 무겁다. 선조가 입실하기를 기다리며 서립한 백관들, 차림들이 제각각이다. 번쩍이는 곤룡포에 얼굴 가득 미소 머금은 선조가 들어선다. 허리 숙이는 백관들. 상석에 자리 잡고 앉는 선조.

선조
호종하느라 애쓴 이들이 다 모이니 보기 좋구나.
연회를 시작하라.

이덕형
그보다는 전하...

무릇 전장에서 죽은 장수와 충신을 후대하여야
산 자가 충성을 다하는 법입니다.
서둘러 이순신을 선무공신으로 봉하시어 포상하고
그의 자손을 대대로...

선조

순신이 공이 비록 높다 하나 직분상 마땅히 해야 할 일 아니던가?

이덕형

전하, 조선이 강토를 지킬 수 있었던 것은
바다의 순신과 땅의 의병들 덕분이옵기에...

선조

명나라 황제께서 들으신다면 심히 노하실 말이 아니냐.
상국의 도움 없이는 칼 한 번 휘둘러 보지 못했을 터인데.

(깐족 신하를 보며)

과인 생각이 틀렸느냐?

종려

(눈치 빠르게 나서며)

상국이 왜란에 참전하게 된 연유를 말하자면
전하께서 의주로 몽진하여 호소했기 때문인 줄 아뢰오.
국난을 극복한 것은 오직 전하의 덕이옵니다.

깐족 신하

(아차 싶다)

겸사복장의 말이 실로 아름답사옵니다.

비로소 얼굴을 펴는 선조, 젓가락으로 쥔 고기를 들어 보이며 이덕형에게-

선조

이제 먹어도 되겠느냐?

47. 버려진 산성 - 의병 주둔지 (밤)

화력 좋은 모닥불에 까마귀를 굽는다. 모처럼 풍족한 김자령과 의병들의 술자리.
서른 명 남짓 남았다. 침울하게 앉은 천영. 골고루 잘 익도록 꼬챙이를 돌리고 소
금을 뿌리는 요리 의병. 걸신들린 양 까마귀 고기를 입안 가득 씹어 먹는 백정 의
병. 젓가락으로 까마귀 고기를 집고 뜯어 보려 애쓰는 자령. 이렇게 저렇게 고개
를 돌려 가며 먹어 보려 하지만 좀체 각이 안 나온다.

어부 의병

아이코... 누가 양반 아이랄까 봐...
그래 깔짝거린다고 고기만 발라가 바칠 줄 압니꺼?

손으로 잡고 뜯기 시작하는 자령. 다들 껄껄 웃으며 자리를 즐기는 가운데 홀로
굳은 표정의 천영, 화톳불만 뒤적인다. 그런 천영을 지켜보던 범동, 까마귀 뼈를
모닥불에 던지며 퉁명스럽게 말한다.

범동

염병허게 맛없네.
(장군에게 화풀이)

장군님, 우리가 모가지 딴 왜놈이 몇이요?

공만 세우면 양인은 벼슬 주고 노비는 면천해 준다 안 혔소?

한 주뎅이로 두 말 허는 것도 한두 번이지,

(삼문을 보며)

이번엔 뭣 땀시 안 된다 허요?

천영

조정의 승인 안 받았으니 안 된다,

이겼다는 증좌가 없어서 안 된다...

핑계야 많지.

범동

(예상과 다른 천영의 반응에 내심 다행이다 싶은)

뭐... 그랴, 인자 헛바람 고만 들이키자고.

우덜이 뭐 얻어먹으려고 싸웠남.

김자령

세자 저하께 부탁해 주상 전하를 알현할 생각이네.

자네들 맘은 잘 아네만, 기다려 보시게나.

티 안 나게 은근히 기대하는 천영의 얼굴에-

선조

(소리)

몸종이라 했느냐?

48. 편전 - 정릉동 행궁 (밤)

선조

네 식솔을 살육했다는 놈 말이다.

연회가 끝나고 삼정승과 도승지, 겸사복장 종려만 따로 남았다.

종려

반상을 구별치 않고 곁을 주고 보살폈으나
도주를 거듭하여 추쇄해 온 것이 여러 차례였사옵니다.
급기야 제 가족을 산 채로 태워 죽이겠노라고 저주하였고
실제로 일어난 일이 그와 같사옵니다.

선조

(혀를 차며 고개를 젓는다)
네게도 잘못이 아주 없다고는 못 하리.
(술병을 들고 일어나 종려에게 천천히 다가가며)
반상을 구별치 않았던 연유가 무엇이냐?
정여립이 주장하던 대동인지 뭔지가 떠오르는구나.

종려

천부당하옵니다! 소인은 그저...

선조

(자기 잔을 건네더니 술을 따라 주며)
안다 알아. 아랫것에게 마음이 간다 해도 감출 줄을 알아야 하는 법,
편애는 소수의 교만을 낳고 박애는 다수의 무질서를 낳느니.

다스리는 자의 고달픈 숙명 아니겠는가.

마시라는 눈짓을 하자 술잔을 넘기는 종려. 일개 겸사복장과 사적인 대화를 나누는 왕의 모습에 심기가 불편한 정승들은 무시한 채 좌중을 슥 둘러보며-

선조
나 또한 전란 중에 그런 참람한 일을 겪은 바 있으니
어찌 저 심정을 모르겠느냐.

49. 버려진 산성 - 의병 주둔지 (밤)

범동
(일어나 엉덩이를 털며)
하이고- 장군님도 쓰잘머리 없이 한양까지 발품 팔지 마시고
여 눌러 계시쇼.
마을 하나 일구고 같이 모여 살믄 좀 좋겠소?
의병질 한다고 집까지 팔아 자셨는디,
우덜이 집 한 칸 지어 올릴랑께.
여기 목수도 있고 기와장이도 있고 다 있는디.

김자령
오호... 그래, 몇 칸짜리로 지어 주려는가?

범동
말씀 안 드렸소, 한 칸이라고.

껄껄 웃는 사내들. 천영도 피식 웃는다.

50. 편전 - 정릉동 행궁 (밤)

멀리서 와장창 물건 부서지는 소리와 함께 부부싸움을 하는 듯한 민가의 소음이 들려온다. 개들 짖는 소리까지 더해지자 혀를 차는 선조.

종려
전란에 험한 일 겪은 이가 수다하다 하나
그 처지가 전하만 하겠습니까?

적시에 딱 바라던 말을 해 주었다. 끄덕끄덕하며 정승들에게 술을 따라 주는 선조.

선조
하긴... 여기는 담조차 없어 허술하니 늘 좌불안석인 데다
내금위 군사들도 거처할 곳이 없어 민가를 차출하고 있다 하니
민폐가 이만저만이 아니로구나.

종려
서둘러 궁을 재건하여 옥체를 보전하심이 우선인 줄 아뢰오.

또 적시에 딱 바라던 말을 해 주었다. 또 끄덕끄덕하는 선조. 보다 못한 이덕형, 용기를 내어 -

이덕형

전하, 칠 년 전란으로 나라가 황폐하여...

(목이 메어 잠시 말을 멈췄다가)

...너무 끔찍하여 전하께 여쭙지 못했사오나

백성이 시체를 뜯어먹고 사는 형편이옵니다.

굶고 병든 이들이 어찌 대궐을 짓는 공역을 버틸 수 있겠사옵니까?

심지어 왜군 손에 산 채로 코를 잃은 자도 많사옵니다.

선조

코 베어 간 것은 풍신수길이가 현상금을 건 탓인데

꼭 내 탓이라 하는 것 같구나.

공역을 손발, 등허리로 하지, 코로 한다더냐?

이덕형

전하, 먼저 공신도감을 설치하여 승전에 공이 있는 자들을 녹훈하시고

의병으로 힘껏 싸운 천민들을 면천하여...

(눈물을 뚝뚝 흘리며)

갈 곳 잃은 민심부터 일으키시옵소서.

선조, 안 되겠다 싶은지 이덕형 앞에 가 앉는다. 옷소매로 눈물을 닦아 주며-

선조

공신도감, 설치하거라. 누가 하지 말라느냐.

허나 경복궁 재건 역시 미룰 일이 아니니

궁궐도감˙ 또한 설치해야지, 안 그러냐?

˙ 궁궐도감(宮闕都監) : 궁궐의 창건과 수리를 관장하는 임시 관서.

51. 산길 (새벽)

안개가 자욱하다. 빈 수레 넉 대를 끌고 행군 중인 일본 병사들, 조선 사람으로 위장했지만 촘마개*를 했던 흔적과 의복을 입은 모습에서 일본색이 엿보인다. 7년 전 통역병으로 끌려왔던 조선인이 일본 병사(이하 **소이치로**)가 되었다. 고급스러운 나전칠기 궤짝 하나를 어깨에 메고 걷는 병사도 보인다. 양반 옷을 입고 말을 탄 겐신, 뺨에 긴 흉터가 보인다.

숲속에서 이들의 행군을 지켜보는 시선. 막내다.

52. 버려진 산성 - 의병 주둔지 (새벽)

잠들어 있는 의병들. 막내가 헐레벌떡 달려와 소리친다.

막내
장군! 왜놈 대가립니다.
일어들 나세요, 얼른! 범동이 누님, 일어나요! 왜놈들이 나타났다고!

잠 깨는 의병들.

잠시 후 -
지도를 펼쳐 작전을 짜는 김자령과 천영, 삼문. 병장기에 묻은 횟가루를 털어내는 병사들. 칼을 빼 날을 확인하는 의병, 각궁의 시위를 당겨보는 막내. 가장 먼저 말

---

* 촘마개(丁髷, ちょんまげ) : 일본식 상투.

68

에 오르는 천영. 그런 천영을 보며 씨익 웃는 범동, 말에 탄 막내의 등 뒤에 올라 탄다.

범동

내내 열흘 긁은 시어머니 쌍판이드만
시방은 피 냄새 맡은 호랭이 얼굴이구마잉.

천영

왜장은 내 몫이니 누님은 끼어들지 마시우.

김자령, 나침반을 꺼내 바닥에 놓는다. 흔들리던 나침반의 침이 북쪽을 향하자, 위치를 정렬하는 김자령 이하 의병들, 일제히 절을 올린다. 지켜보기만 하는 천영. 범동을 비롯한 다른 의병들은 외면한다.

범동

왕헌티 절을 받아도 선찮을 판에... 퉤!

53. 흙벽 인근 (낮)

바다가 내려다보이는 산비탈에 난 길로 이동하는 일본군. 해송에 새겨진 표식을 찾아내는 겐신. 지시를 내리자, 서둘러 산비탈로 올라가 무언가를 찾는 일본 병사. 흙과 나무 넝쿨이 뒤엉킨 흙벽을 파내다 멈칫하더니 소리친다. "찾았다!" 겐신, 회심의 미소를 짓는데, 바람을 가르며 날아온 돌멩이가 일본 병사의 머리통을 친다. 막내다. 놀라는 일본 병사들. 이어 들려오는 말발굽 소리에 고개를 들자, 언덕길 위에 모습을 드러내는 단기필마. 청천익 차림의 천영이다.

일본 병사들

せいいけんしん
青衣劍神じゃ！

청의검신이다!

말 달려 내려오는 천영. 산비탈 쪽에선 삼문과 함께 활 든 의병들이 쏟아져 내려온다. 혼비백산하며 뒷걸음치는 일본 병사들. 그러나 반대편에서 모습을 드러내는 김자령과 범동을 비롯한 의병들. 이를 부드득 가는 겐신, 말을 돌리며-

겐신

ひ
退くな！

물러서지 마라!

명령을 내리고 천영 쪽으로 달려가는 겐신. 의병들을 향해 칼을 뽑아 드는 일본 병사들. 김자령, 범동에게-

김자령

내 생각엔 놈들을 죽이기보다...

(듣지도 않고 튀어 나가는 범동. 황당해하며 혀를 찬다)

저, 저...

(의병들에게)

따르라!

거리가 가까워지며 서로를 알아보는 천영과 겐신. 서로의 표정이 환해진다. 말 달려온 두 사람의 검이 강렬하게 부딪친다. 말머리를 돌린 두 사람. 거리를 둔 채 원을 그리며 대화를 나눈다. 뒤늦게 달려온 삼문이 통역한다.

겐신

青衣剣神は何者かと思うておったが...。

청의검신이 누군가 했더니...

삼문

(천영에게)

둘이 구면인가 봐?

천영

(반가워)

아이고, 이게 누구야!

(겐신의 뺨에 난 흉터를 가리키며)

흉터가 이쁘게 자리를 잡았네?

어떻게, 반대쪽도 마저 그려 드려?

소이치로

もう片方にも傷をきれいに描いてやると。

반대편에도 이쁜 흉터를 그려 주겠다고 합니다.

껄껄 웃는 겐신, 끄덕이며-

겐신

左様か...。いつもの戯言じゃな。
めしは食ったのか。

그래그래... 재롱은 여전하구나.

밥은 먹었나?

삼문
밥 먹었냐는데?

천영
원래 아침 안 먹는다!

소이치로
もとより朝餉^{あさげ}は食わぬと°

원래 아침 안 먹는다고...

소리치며 칼을 날리는 천영. 강렬하게 부딪치는 두 칼. 마상에서 두 사람의 힘겨루기가 벌어진다. 일본 병사와 싸우는 의병들. 어부 의병이 위기에 처한다. 일본 병사의 칼을 쳐 내고 관자놀이를 후려쳐 어부 의병을 구해 내는 김자령. 연이어 달려드는 일본 병사를 제압한다. 김자령 뒤로 다가와 칼을 내리치려던 일본 병사, 날아온 돌에 맞아 쓰러진다. 막내다. 숲으로 도망치는 일본 병사를 향해 돌멩이를 날리는 막내.

사슬낫에 소 잡는 칼을 뺏기는 백정 의병, 위기에 빠진다. 범동이 달려와 쇠도리깨를 내리쳐 사슬낫 병사의 팔을 부러뜨린다. 거한 병사가 철퇴를 내려치자 재빨리 피하는 범동. 거한 병사에게 화살을 날리는 삼문. 그와 동시에 범동이 거한 병사의 발목을 공격해 무너뜨린다.

또 한 번 칼을 부딪치며 힘겨루기하는 천영과 겐신. 말고삐를 단단히 쥐고 제어하는 두 사람. 거친 호흡을 뿜으며 밀착된 말들. 겐신의 칼날을 긁으며 검의 코등이°

• 코등이(guard, つば) : 검의 칼날과 손잡이 사이에 장착되어 사용자의 손을 보호하는 부속물.

까지 칼을 내리긋는 천영, 칼날의 상하를 뒤집으며 그대로 겐신의 오른뺨을 향해 찌른다. 몸을 뒤로 젖히며 가까스로 피하는 겐신. 천영, 내지른 칼의 방향을 바꾸며 겐신이 쥔 말고삐를 자른다. 단단히 쥐고 있던 고삐가 잘리자, 앞발을 들고 요동치는 말. 낙마하는 겐신, 비탈 아래로 구른다.

54. 흙벽 비탈 (낮)

한참 비탈을 구르다 큰 바위 앞에서 멈추는 겐신. 정신 차리고 고개를 드는데 어느새 쫓아 내려온 천영이 벼락처럼 칼을 내려친다. 재빨리 피하며 바위 위로 올라가는 겐신. 뒤따라 올라가는 천영. 바위 위에서 합을 겨루는 두 사람. 천영의 어사검이 주변의 나무에 박힌다. 그 틈을 노려 칼을 올려 치는 겐신. 천영이 칼자루를 놓고 피하자, 나무에 박혔던 어사검이 겐신의 칼에 맞고 어디론가 튕겨 나간다. 빈손이 된 천영, 맨몸으로 겐신에게 부딪힌다. 뒤엉키며 계곡으로 튕겨 나가는 두 사람.

55. 흙벽 계곡 (낮)

계곡의 경사진 너럭바위 위를 미끄러지는 두 사람. 재빨리 일어나는 맨손의 천영을 향해 칼을 휘두르는 겐신. 피하는 동시에 겐신이 허리에 찬 두 번째 칼을 뽑아 드는 천영, 날이 짧은 코다치˙다. 천영은 칼이 짧아 당황하고, 겐신은 칼을 뺏겨 당황한다. 이내 겐신이 매서운 공격을 퍼붓는다. 천영, 오른손에 든 코다치로 겐신의 검을 막는 동시에 왼손으로 겐신의 칼자루를 잡아 확 끌어당긴다. 중심이 무

˙ 코다치(小太刀): 일본도의 일종. 칼날 길이가 짧아 주로 방어용 혹은 이도류의 보조 무기로 사용되었다.

너지며 휘청하는 겐신의 얼굴로 날아드는 천영의 칼. 겐신이 재빨리 피해 보지만,
칼날이 귀를 스친다. 다급히 천영의 손을 뿌리치고 물러서는 겐신, 흐르는 피를
닦으며 읊조린다.

겐신

ちょうじょうりゅう
中条流...?

중조류(中条流)...?

거리를 두고 마주한 채 천천히 원을 그리는 두 사람. 계곡물에 발을 담그게 되는
겐신. 겐신의 발에 뭔가가 차인다. 천영이 놓친 어사검이 물속에 잠겨 있다. 칼을
발로 차 공중에 띄우더니 왼손으로 잡는 겐신, 일본도와 어사검을 양손에 쥔다.
갑자기 주변의 모든 소리가 사라진 듯 적막감이 감싼다. 나뭇잎 사이로 내리쬐는
햇살, 시냇물 소리와 부드러운 바람이 묘한 긴장을 만들어 낸다. 둘 사이로 날아
가는 나비 한 마리. 미세한 움직임으로 나비를 반토막 내 버리는 겐신.

겐신

ちょうせんたち   わる
朝鮮の太刀にしては悪くない。
かがみ   はな み
鏡なしでも、おぬしの鼻が見えるようにしてやろう。

조선 칼치고 나쁘지 않구나.

거울 없이도 네 코를 볼 수 있게 해 주마.

말이 끝나기 무섭게 달려드는 겐신, 오른손으로 베고 왼손으로 찌른다. 좌우로 번
갈아 들어오는 칼날에 잘려 나가는 청천익. 짧은 칼로는 여간해서 상대하기 어렵
다. 주위를 살피는 천영, 손가락 굵기의 나뭇가지를 길게 잘라 왼손에 든다. 비웃
음을 흘리며 달려드는 겐신의 공격을 흘려보내는 천영, 나뭇가지를 채찍처럼 냅

다 휘둘러 겐신의 얼굴을 후려친다. 겐신의 이마와 뺨에 가늘고 붉은 줄들이 여럿 생긴다. 천영이 든 나뭇가지, 잔가시가 잔뜩 달린 두릅나무다. 겐신, 당황스럽다. '장군님-'을 부르며 협도곤°을 들고 비탈을 달려 내려오는 겐신의 부관 소이치로와 일본 병사.

소이치로
ここをお退きください。あとは拙者が...。

어서 피하셔야 합니다, 저희...

천영을 발견한 겐신의 두 부하가 재빨리 천영을 포위한다.

겐신
手を出すでない！

방해 말고 물러서!

부하들이 주춤주춤 물러서자 의아해하는 천영.

겐신
これはわしらの戦じゃ！ 訳せ!

우리 둘의 싸움이다! 통역하라!

소이치로
단둘이 대결하자고 하신다.

• 협도곤(夾刀棍): 일곱자 길이 봉 끝에 좁은 날의 칼이 달린 조선의 무기. 일본의 나기나타와 유사한 형태로 정조 이후 협도라는 이름으로 굳혀진다.

통역을 들은 천영, 코웃음친다.

범동

(소리)

천영아– 여즉 뭣허구 자빠졌냐? 위짝은 다 끝났는디.

소리에 돌아보자, 쇠도리깨를 든 범동과 투망을 든 어부 의병이 비탈길을 어기적거리며 내려온다.

소이치로

上は決着がついたようじゃと。

위쪽은 결판이 났나 봅니다.

범동을 향해 무기를 겨누는 두 일본 병사. 코웃음 치는 범동, 쇠도리깨를 빙빙 돌리며-

범동

장군님이 숨은 붙여서 잡으라신다!

말 끝나기 무섭게 냅다 쇠도리깨로 협도곤을 후려치는 범동. 그 충격에 협도곤이 울리며 팔까지 떨린다. 결국 무기를 놓치고 주저앉는 일본 병사.

소이치로

生け捕りにせいとの命が下ったと？

생포하라는 명이 떨어졌나 본데요?

천영 / 겐신

갑자기 왜? / 何故唐突に？

갑자기 왜?

범동

임금헌티 델꼬 가서 담판을 지으시겠냐.

생포해 가야 면천이든 상금이든 받을 수 있다잖냐.

을매나 걸리겠냐?

소이치로

王に談判するんだと。 金か身分を見返りに…。

왕과 담판을 할 거랍니다. 돈과 신분을 대가로…

천영

구경이나 하슈. 빨리 끝낼 테니까.

범동의 시선으로 장검 두 자루를 든 겐신과 단검에 나뭇가지를 든 천영이 비교된다.

범동

(어부 의병에게)

됐고, 구 서방, 던져 부리쇼!

일본 병사들을 포박하던 어부 의병, 천영 쪽을 보곤 등에 멘 것을 푼다. 투망이다.

어부 의병

그래야겠제?

범동

응, 퍼뜩-

휘휘 돌리며 투망 던질 준비를 하는 어부 의병.

천영

어허- 내 저놈한테 빚진 걸 이참에 갚아 줘야 한다고!

소이치로

殿への借りを返すんじゃと。

장군님께 진 빚을 갚아야 한다고...

이들의 대화를 듣고 발끈하는 겐신, 쌍검을 멋지게 세워 들고 자세를 잡으며-

겐신

武士たるもの礼儀をわきま...。

무사라면 싸움의 예를 갖...

말을 맺기도 전에 그물이 날아와 덮친다. 칼 두 개를 마구 휘둘러 봐야 더 엉키기만 한다. 허망하게 사로잡히자 격분하는 겐신.

겐신

それでも、おぬしは真の武士か!

이러고도 네 놈이 진정한 무사라 할 수 있나!

범동 / 천영

(둘이 동시에 소이치로에게)

뭐래니?

소이치로

이러고도 진정한 무사라 할 수 있나! ...라고...

천영

(범동과 어부 의병에게)

아 후딱 잡는다니깐...

내가 요 목에다가 칼을 딱 쑤셔 넣으려던 참이었다고.

천영과 겐신 둘을 보며 한심하다는 듯 보는 범동.

범동

잘들 논다.

56. 야산 (밤)

야영하는 의병 일행. 조금 떨어진 개울가, 겐신에게서 다친 왼팔의 상처를 씻어내는 천영. '편장님!' 부르는 소리에 돌아보자, 막내가 빨리 오라는 손짓을 한다.

나전칠기 병사가 메고 다니던 궤짝이 열려 있다. 안을 들여다보는 천영. 뿔 하나가 잘린 겐신의 투구와 갑주가 들어있다. 술렁이는 의병들. "코 귀신이다!" "우리가 잡은 게 비귀였어?" 저도 모르게 손으로 코를 가리는 이도 있다. 천영, 조금 떨어진 곳에 포박된 겐신을 돌아본다. 궤짝에 함께 든 금동관음상을 꺼내 바라보는 삼문.

삼문
왜놈들이 숨겨 놓은 보물이 있단 말이 사실인가 봅니다.

김자령
한양으로 가지고 갈 것이니 제자리에 돌려놓으시게.

범동
(어이없다)
하이구, 퍽도 저것이 제자리 찾아가겠소.
언놈 뱃대지로 들어갔으면 들어갔지.

김자령
우리가 할 일은 조정에 바치는 것이고,
제 주인을 찾아 주는 건 조정의 일이네.

자령의 고지식한 소리에 답답해하는 범동, 씩씩거리며 쇠도리깨를 땅바닥에 팍 내려친다.

(시간 경과)
되찾은 어사검을 칼집에 넣는 천영. 거한 병사의 철퇴를 탐내며 서로 갖겠다고 하는 의병들. 백정 의병과 어부 의병이 겐신의 검을 하나씩 사이좋게 나눠 가진다. 그 모습을 보고 피식 웃는 천영의 시선으로, 대나무를 엮어 만든 우리에 빼곡하게 갇혀 있는 일본군 포로들. 삼문이 소금 몇 알씩과 물을 나누어 주자, 경쟁적으로 손을 내밀어 물을 받아 마신다. 겐신만 꼿꼿하다. 다가가는 천영. 삼문에게서 표주박을 받아 일본 병사들에게 물을 나눠 준다. 겐신의 차례가 된다.

천영

네가 그 유명한 비귀(鼻鬼)냐?

삼문

おぬしが、あの鼻狩りの鬼かと。

네가 코 사냥 귀신이냐?

대답 없는 겐신. 천영, 그냥 건너뛰고 다음 차례로 간다. 얼굴이 벌게지는 겐신, 어이없다는 듯-

겐신

あるまじきこと！

이런 경우가 어디 있나!

삼문

자기도 달라는데?

삼문과 소이치로가 각각 통역한다.

천영

칠 년 전에 내가 밥 달랄 때 안 줬잖아.

소이치로

殿が7年前に飯くれんかったと。

장군께서 칠 년 전에 밥을 안 주서서 그렇다고...

이를 악물고 참는 겐신, 천영이 그제야 물을 주자 손바닥에 받아 세수를 하고는-

겐신

中条流の使い手か。 師匠は?

중조류를 쓰더군. 어디서 배웠나?

삼문

(어리둥절)

무슨 소리야.

겐신

小太刀を振るう剣術のことだ。

짧은 칼 쓰는 검법 말이다.

소이치로

(통역을 못 하는 삼문을 보고 천영에게)

짧은 칼을 쓰는 검법, 어디서 배웠나?

천영

남원이었나? 토끼 모양 투구를 썼던 놈.

소이치로

ナムウォンで...? 兎の兜を被っておったと。

남원에서? 토끼 투구를 쓰고 있었다고...

겐신

西村...

니시무라...

천영

아는 애야? 칼 쓰는 게 특이하길래 좀 봐 뒀어.

소이치로

西村の?術を...

니시무라의 검술을...

(잘 이해가 가지 않아 천영에게)

봐 뒀다고?

천영

응. 미안해, 내가 배를 주욱 갈랐는데 창자가 다 쏟아지더라.

소이치로가 통역을 안 하고 있자 겐신이 노려보고, 할 수 없이 통역한다.

소이치로

腹を切ったら腸が出てきおったと。

배를 갈랐더니 창자가 나왔다고...

겐신

今一度、手合わせ願おう。

재대결을 원한다.

삼문

재대결을 하고 싶다는데?

천영

결과는 마찬가지야.

소이치로

同^{おな}じことじゃと。

<u>결과는 같을 거라고...</u>

겐신

武士^{ぶし}なれば一息^{ひといき}に殺^{ころ}さぬか！

<u>그럼 차라리 무사답게 죽여라!</u>

천영

(겐신을 잠시 바라보더니)

써먹을 데가 있으니까 이쁘게 잘 살아 있거라.

소이치로

使^{つか}い道^{みち}があるゆえ、きれいに生^いきておれと。

<u>쓸모 있으니 이쁘게 살아 있으랍니다.</u>

돌아서는 천영. 모욕을 느낀 겐신, 애써 감정을 삭인다. 붉은 비단을 감은 천영의
왼손을 가리키며-

겐신

いったい、その中^{なか}に何^{なに}を隠^{かく}しておるのじゃ。

대체 그 아래 뭘 숨겼나?

삼문

그 손에 뭘 숨기고 있냐고 하네.

예상치 못한 질문을 받은 천영, 제 왼손을 내려다본다.

57. 마당 - 종려 아내의 친정 (낮) - 과거

혼례복을 입고 맞절하는 종려와 종려 아내. 구경꾼들 틈에 섞인 천영.

58. 종려의 집 - 곳곳 (낮/밤) - 과거

늦은 밤, 대련하는 천영과 종려. 낄낄거리며 장난을 치는 모습이 양반과 노비 사이로 보이지 않는다. 뭔가를 발견한 천영, 턱짓을 한다. 돌아보면 만삭의 종려의 아내, 어찌할 바 모르는 표정으로 서 있다. 돌아선다.

(시간 경과)

갓난아이가 걸음마를 하는 사랑채 대청마루. 천영이 다가와 싸리나무로 만든 공을 꺼내 마루 위로 굴려 준다. 신기해하며 공을 집어 드는 아기. 흐뭇해하는 천영.

종려 아내

(천영에게. 소리)

뭐 하는 게냐!

돌아보면 분노한 표정으로 선 종려 아내, 수윤이 손에 들린 싸리나무 공을 보고-

종려 아내

이 더러운 걸...

공을 빼앗아 던져 버리는 종려 아내. 귀가하던 종려 발 앞으로 굴러오는 싸리나무 공. 수윤이를 안아 드는 종려 아내, 천영을 노려보며 자리를 뜬다. 머쓱해지는 천영. 대충 분위기를 파악하는 종려.

(시간 경과)

등잔불 아래 자수를 놓던 종려 아내, 두 돌쯤 된 수윤이와 강아지를 데리고 놀아주는 남편을 물끄러미 본다. 수윤이 까르르 웃자 엄마 얼굴에 저절로 미소가 피어난다. 2경*을 알리는 종소리가 들려오자 갑자기 일어나 나갈 준비를 하는 종려. 문을 막아서는 아내.

종려 아내

반상의 법도가 엄연한데
어찌 미천한 자와 격의 없이 지내십니까?

종려

(수윤을 보며)

개와는 친구가 되어도, 종과는 친구가 될 수 없소?

종려 아내

개는 기르는 것이고 종은 부리는 것입니다.

• 2경 : 저녁 9시.

종려

어허, 듣기 싫소!

낙담하는 아내를 뒤로하고 나서는 종려, 밖에서 기다리던 천영과 마주친다. 대화를 들은 모양이다. 마주 웃는 두 사람.

59. 사랑채 마당 - 종려의 집 (낮) - 과거

방안에 서서 내려다보는 극조. 마당에 고개 푹 숙이고 선 흙투성이 종려와 천영. 두 청년 꼬락서니가 한심하다.

극조

부끄럽고 부끄럽구나!
내 죽어 어찌 조상님들을 뵙겠느냐!

고개를 더 숙이는 종려. 천영, 사랑채 대청으로 뛰어 올라가 극조 앞에 엎드리더니-

천영

소복을 도련님 대신 과장에 넣어 주십시오.

천영의 폭탄 선언에 말문이 막히는 종려.

극조

이놈이 실성을 했나...

천영

면천해 주시겠다 약조만 주십시오, 어사화를 바치겠습니다.

천영의 말에 미간이 꿈틀하는 극조.

60. 별당채 - 종려의 집 (낮) - 과거

천영, 종려의 옷을 입었다. 종려, 천영의 왼손에 감긴 붉은 비단을 감아 자자(刺字)된 흉터를 감춰 준다.

종려

훈련하다 얻은 상처라고 해.

잠시 생각하던 천영, 칼을 뽑더니 종려의 왼손을 잡아채 손등에 상처를 낸다. 순식간에 벌어진 일에 놀라 얼어붙은 종려. 비단을 풀어 반으로 부욱 찢는 천영, 비단 한 쪽을 종려의 상처에 감아 주며-

천영

오늘부터 장원급제 이종려의 표징이다.

61. 과장 앞 (낮) - 과거

녹명소의 녹명관에게 사조단자*를 내미는 천영, 긴장한 표정. 먼발치에서 지켜보는 종려. 무사통과된 천영이 과장에 들어가며 붉은 비단이 감긴 왼손을 들어 보인다. 응원하듯, 똑같은 붉은 비단이 감긴 왼손을 들어 보이는 종려.

62. 선조의 거처 - 정릉동 행궁 (낮)

제 손등의 칼에 베인 상처를 내려다보는 종려. 도승지와 대면 중인 선조, 가득 쌓인 상소 중 하나를 읽는다.

선조
그래서, 이것들이 전부 김자령 부대를 상 주라는 상소들이란 말이냐?

도승지
호남에는 그를 따르지 않는 의병이 없사오며
온 백성이 '물에는 순신이요 뭍에는 자령'이라 칭송한다 하옵니다.

선조
헌데, 어찌하여 순신은 죽었고 자령은 살아있느냐?

선조의 말에 놀란 도승지, 어찌할 바를 몰라 쩔쩔맨다. 꼴 보기 싫다는 듯 두루마리를 옆으로 치우는 선조.

• 사조단자(四祖單子) : 과거 응시생들이 성명, 본관, 거주지와 부, 조, 증조, 외조의 관직과 이름, 본관을 기록해 제출했던 문서.

선조

경복궁 재건에 관한 계본*은 하나도 없느냐.

도승지

궁궐도감에서 필요한 비용과 공역의 머릿수를 헤아려 보았으나

지금으로선 그 예산을 감당하기가...

끙- 머리가 아픈 듯 이마에 손을 짚는 선조.

63. 대문 앞 - 청주 관아 (낮)

행군 중에 마을에 들어가는 김자령 부대. 퀭한 눈으로 힘없이 담벼락에 기댄 여인
과 그 옆에 앉아 있는 거지 소년. 거지 소년이 김자령 부대에 다가와 구걸한다. 관
아 앞을 지나치는 김자령 부대. 요란한 음악 소리에 담 너머로 고개를 돌리는 자
령과 천영. 마당에 잔치판이 벌어져 있다. 상다리가 휠 정도로 그득한 음식들. 쌍
검무를 추는 두 명의 기생. 술에 취해 흥겨워하는 청주목사. 김자령을 보는 천영.
김자령의 표정이 어두워진다.

64. 강가 야영지 - 청주 (밤)

노을 지는 강가 야영지. 하릴없이 자갈을 강에 던지는 범동.
밤이 되었다. 둘러앉은 의병들. 무거운 분위기가 감돈다. 부글부글 끓는 감정을

• 계본(啓本) : 왕에게 국사와 관련되어 아뢰는 공문서.

억누른 채 말하는 범동.

범동

왜놈들이랑 붙어 싸운 백성은 시체 뜯어먹으며 연명하는디
왜놈들하고 붙어먹은 양반 놈은 갈비 뜯어가며 잔치를 벌여부러야.
둘 다 똑같이 고기다 이 말이여?

김자령

내 전하께 아뢰어 부왜한 청주목사를 반드시 파직시키겠네.

범동

파직이라고라? 당장 때려죽여도 선찮을 놈을 갖고...
(천영에게 동의를 구하려 고개를 돌리다 멈칫한다)
...니 시방 뭣허냐?

천영

(잘 준비를 마치고 눕는 천영)
갈 길 바쁘니 그만들 싸우고 어서 잠이나 잡시다.

예상치 못한 천영의 반응에 어처구니없다는 듯 입을 벌리고 굳어있던 범동, 낮은
한숨을 쉬고는 일어선다.

범동

그랴, 각자 갈 길 갑시다요.
이것도 나라라고 노상 전하, 전하 찾는 장군님도 배짱 안 맞고.
(천영을 가리키며)
지 면천밖에 모르는 저놈도 배알이 뒤틀려요.

천영

(눈을 감은 채)

어차피 백날 천날 몰려다닐 것도 아니었잖우.

순리대로 제자리 찾아가야지.

범동

제자리 같은 소리 허고 자빠졌네.

그래 니는 어디 한 번 면천 받고~ 벼슬도 받고~ 잘 살아 봐라.

내는 썩어 빠진 양반놈들이랑 숨어 있는 왜놈들

조져블믄서 살라니께.

김자령

조정이 한때 길을 잃었으나 이제 칠 년 전란도 끝났고

세자께서 영민하시니 조정이 다시 위엄을 되찾지 않겠나?

부덕한 관리를 벌주는 일랑은 나라에 맡기시게.

범동

(답답해 가슴을 치며)

허, 하이고 답답아... 아이고 울화야.

이러니 양반이랑 천한 것들이 어울려 산다는 게 다 헛꿈인 겨.

(막상 헤어지려니까 감정이 복받치는지)

장군님, 그래도 내 평생 양반 같은 양반은 장군님뿐이었습니다요.

(꾸벅 인사)

부디 강녕하시쇼.

술렁이는 의병들. 자연스럽게 범동을 따라 이탈하는 의병 무리가 생긴다. 벌떡 일어나 소리치는 천영.

천영

비귀까지 잡았잖아!

이번만큼은 조정도 우리 공을 외면하지 못할 거요!

다들 원했던 게 코앞인데 갑자기 왜들 이러는 거요?

대답 대신 겐신이 실린 수레를 쇠도리깨로 한 대 치고는 떠나는 범동. 갈등하던 막내, 범동을 따라나선다. 막내의 선택에 안타까워하는 천영. 의병들의 분열을 관찰하는 겐신. 고민하던 책사 삼문, 자령에게 절을 올린다.

삼문

들기로, 이순신 장군께서 갑주도 입지 아니하고

지휘탑에 방책도 두르지 않은 채 마지막 전투에 나섰다 합니다.

그 깊은 뜻이 무엇이었겠습니까?

...부디 몸조심하십시오.

삼문에 이어 백정 의병까지, 의병들 3분의 1이 사라진다. 씁쓸한 표정의 천영.

65. 행랑채 - 종려의 집 (밤) - 과거

패랭이와 봇짐을 챙기는 천영, 드디어 면천된다는 흥분과 종려와의 이별을 앞둔 씁쓸한 기분이 뒤섞여 묘한 기분이다. 밖에서는 잔치하느라 음악과 사람들 웃음소리가 왁자하다.

66. 별당채 - 종려의 집 (밤) - 과거

칼집에서 나오는 칼. 달빛이 날에 반사되어 광채가 난다. 사람들 탄성이 쏟아진다. 밤이 늦었는데 잔치는 한창이다. 어사화를 쓰고 커다란 장원 교지를 자랑하듯 들어 보이는 극조, 웃음이 멈추지 않는다.

극조

전하께서 검과 청천익을 내리셨소.

나도 장원은 못 해 봐서 이거... 허허허...

친척들 앞에서 활짝 핀 얼굴의 극조. 청천익을 입은 종려, 부끄럽다는 듯 머리를 조아린다.

67. 행랑채 - 종려의 집 (밤) - 과거

문이 열리며 종려가 들어온다. 청천익을 벗어 천영에게 입혀 주는 종려.

종려

인물이 훤히 사는구나.

무표정하게 청천익을 벗어 종려에게 건네는 천영. 언년이가 술상을 놓고 나간다. 종려, 사뭇 비장하게-

종려

기다려.

68. 별당채 - 종려의 집 (밤) - 과거

불콰한 얼굴로 어사검을 흐뭇하게 만지는 극조.

극조

급제하자마자 첫 임직이 주상을 호위하는 금군이라...

종려

아버지, 천영이의 노비문기를 폐기해 주시지요.

극조

나도 그랬고 네 할아버지도 그러셨고,

변방부터 돌며 몇 년 고생하는 게 보통인 줄은 너도 알지?

종려

(답답하다)

아버지.

어사검을 거치대에 올려 두고 돌아서는 극조. 울컥하며 막아서는 종려, 분노에 찬
목소리로-

종려

약조하지 않으셨습니까!

극조

(처음 보는 아들의 모습에 눈이 휘둥그레진다)

천한 것과 어울리더니 흉패한 품성까지 배운 게냐...

이 무슨!

종려

천한 종놈조차 약속대로 어사화를 바쳤는데

어찌 사대부로서 약속을 저버리려...

극조

이놈-!

(당황하며 주먹으로 뺨을 후려치고는)

놈이 입이라도 여는 날엔...

넌 임금을 속인 대역죄인이 된다는 걸 모르느냐?

종려

(참담함에 눈물이 그렁거린다)

천영이가 길 떠날 채비를 마쳤습니다.

극조

그래, 광이도 지금쯤 채비를 마쳤을 게다.

얼굴이 하얗게 질리는 종려.

69. 행랑채 - 종려의 집 (밤) - 과거

무기를 들고 들이닥치는 광이 일행. 패랭이와 술상만 덩그러니, 천영은 없다.

종려

(소리)

당장 멈춰라!

돌아보면 어사검을 들고 선 종려, 다급히 달려온 듯 버선발에 거친 호흡. 광이, 제 팔뚝에 줄줄이 낸 흉터를 보이며 이죽거린다.

광이

놈을 또 한 번 잡되

이번엔 데려올 필요가 없다는 어르신의 명이옵니다.

어사검을 뽑아 겨누는 종려.

종려

해 보아라, 그 팔을 아예 잘라 버리리니.

광이

(서슬 퍼런 명령에 하는 수 없다는 듯)

죽이지는 않겠습니다.

묵례하는 광이, 무리를 이끌고 자리를 뜬다. 한고비를 넘긴 듯 한숨을 내쉬는 종려가 어사검을 칼집에 넣는 동안 뒤에서 나타나는 천영. 소리 없이 다가와 종려를 담벼락에 몰아붙인다.

천영

노비문기 가져온다며. 어딨냐.

종려

(안도의 한숨, 눈물이 핑 돈다)

살아서 다행이다, 천영아.

(어사검을 쥐여 주며)

멀리 가. 함경도로 가 오랑캐를 잡거나 탐라로 가서

왜구를 잡거나. 공을 세우고 면천된 예가 있다더라.

절대 잡혀와선 안...

천영

내가 아직 네 동무냐?

일말의 주저함도 없이 끄덕이는 종려를 잠시 바라보던 천영, 담을 훌쩍 넘어간다.

70. 청주 관아 (밤)

착지하는 범동. 곧이어 삼문과 의병들도 담장을 넘어온다.

71. 목사의 침소 - 청주 관아 (밤)

속바지 차림의 청주목사, 겹겹이 입은 관기의 옷을 벗긴다. 벌컥 열리는 방문. 화들짝 놀라 돌아보는 청주목사.

72. 청주 관아 앞 (밤)

관아 창고에서 쌀가마니를 꺼내는 의병들. 백정 의병이 지시한다.

백정 의병
한 가마니씩 조용히 던져 주고 오라고.
아침에 일어나면 놀래 자빠지게.

한쪽에서 막 지은 밥으로 주먹밥을 만들어 먹는 의병들. 관아 앞마당 쪽에서 소리가 들려오자, 고개를 돌린다.
마당에 포박되어 무릎 꿇린 청주목사, 의병들을 노려보며 소리친다.

청주목사
이놈들! 비천한 것들이 감히 목민관을 능멸해?
공맹의 도리도 모르는 천하의 짐승 같은 놈들!

삼문이 다가가 청주목사의 정자관을 벗긴다. 머리 가운데를 민 일본식 촘마개를 했던 흔적이 보인다.

어부 의병

뭐꼬? 인마 이거 왜놈 대가리네?

청주목사

(순간 움츠러들며)

아니... 그게...

범동

봤지들? 지 배만 불릴 수 있으면
왜놈과도 붙어먹는 게 양반이여.

(쇠도리깨를 턱 짚고 일어서더니)

공맹의 도리인지 먼지 모르것고,
나가 아는 도리는 도리깨의 도리여.

냅다 쇠도리깨를 후려갈기는 범동. 화면 가득 튀는 피.

73. 군기시 앞 광장 (낮)

서소문을 통해 도성으로 진입하는 김자령 부대. 엉망인 한양 도성 풍경. 살아있는
시체나 다름없어 보이는 백성들. 김자령 부대를 알아보고 따라와 환호한다. 환대
에 멋쩍어하는 의병들. 김자령에게서 삶의 희망을 찾으려는 듯 손을 뻗는 사람들.
이들 하나하나를 응대하면서도 낯빛이 어두워지는 김자령.

천영

한양은 좀 나을 줄 알았더니...

김자령

이 참상을 주상께 낱낱이 아뢰어야겠네.

74. 석어당 2층 - 정릉동 행궁 (낮)

김자령의 행렬을 내려다보는 선조. 종려를 비롯한 측근 몇만 거느렸다.

선조

가히 제왕의 행차와 방불하고나.

무심히 행렬을 보다가 김자령 옆 천영을 발견하고 충격을 받는 종려, 어지러운 듯 창틀을 잡고 기댄다. 백성의 환호를 받으며 웃는 천영의 모습에 이를 부드득 간다.

선조

여기 머문 다섯 해 동안 울음과 싸움 소리만 들어 왔거늘...
저 환호를 어찌 생각하는가?

천영에 정신이 팔린 종려. 종려의 반응을 기다리던 선조, 의아해한다. 그제야 정신을 차린 종려, 대답한다.

종려

몽매한 백성이 황당한 군담과 무계한 영웅전을 좋아하는 것과 같은
이치입니다. 심중에 두실 바가 아니라 사료되옵니다.

군관 하나가 올라와, 종려에게 서찰을 전한다. 내용을 읽는 종려의 표정이 심각하다. 백성의 환호를 받는 천영과 편지를 번갈아 보며 이를 어찌할까 생각이 바빠지는 종려. 그런 종려를 무심히 보던 선조.

선조
무슨 일이냐?

잠시 후-
서찰을 읽는 선조. 주위에는 종려만 두었다.

선조
자령이 직접 청주목사를 죽인 건 아니지 않느냐?

종려
자령을 칠 년간 따르던 자들이옵니다.

선조
(혼잣말하듯)
자령이 설마, 명색이 유생인데...
그런 불학무식한 무뢰배는 아닐 텐데...
(종려 눈을 빤히 보며)
내 자령을 불러다 한번 물어보고 싶구나.

종려
(어리둥절)
허면...

선조

내 너를 의금부 동지사*에 제수할까 하는데 어찌 생각하느냐?

선조의 의중을 간파하고 놀라 고개를 드는 종려, 자신을 뚫어져라 보는 선조의 안광에 기가 짓눌린다.

종려

며, 명을 받들겠사옵니다.

밖을 내다보며 한숨을 푹 쉬는 선조.

선조

그러고 보면 순신은 참으로 충신이었어...

75. 병조 앞 - 육조거리 (낮)

인파에 둘러싸여 병조 앞에 도열하는 의병들. 문 열고 나오는 종려부관과 상선이 백성들의 환호에 당황한다. 멀리 불타 무너진 광화문을 바라보는 천영. 금군에게 끌려가는 겐신과 일본군 포로들. 나전칠기 궤짝도 인계된다. 말에서 내리는 김자령과 천영에게 다가오는 상선.

상선

상께서 알현을 허하셨습니다, 가시지요.

• 의금부 동지사(義禁府 同知事) : 왕이 참석하는 친국(親鞫)에 참석하여 죄인을 심문하는 직책.

김자령

(부하들에게)

검은 두고 가야 하리.

부하들, 칼을 풀려 하자-

종려 부관

장군을 따로 모시겠다 하시었습니다.

김자령이 일행을 보며 미안한 표정을 짓는다.

천영

주상 계신 곳에 땀 냄새를 풍겨서야 되겠습니까.

김자령

전하께서 네 이름을 물으실 텐데...
무슨 천에 무슨 영이라 했었지?

천영

상것 이름에 무슨 뜻 따위가 있겠습니까.

김자령

(허리춤의 단검과 나침반을 풀어 천영에게 건네며)
내가 네 아비였으면 이리 지었겠다.
하늘 천(天), 빛날 영(煐).

씩 웃는 천영, 단검과 나침반을 받는다. 종려 부관을 따라나서는 김자령, 내금위 병사 하나가 천영 쪽으로 다가온다.

내금위 병사

고기와 술을 준비해 두었습니다.

먼 길에 시장하셨을 텐데, 가시지요.

화색이 돌며 입맛을 다시는 의병들, 병사를 따라간다.

76. 병조 안 (낮)

종려 부관을 따라 들어오는 김자령. 종려 부관이 돌아서더니-

종려 부관

어명이다, 역모를 꾀한 김자령을 포박하라!

명령과 동시에 내금위 병사들이 에워싼다. 이내 상황을 파악한 김자령, 종려 부관의 칼을 뽑아 칼등으로 머리를 후려친다. 나가떨어지는 부관.

김자령

역모?

77. 골목길 - 병조 인근 (낮)

높은 담벼락 사이의 좁은 길. 관군을 따라 이동하는 의병 부대. 앞장서는 요리 의병이 고개를 갸웃한다.

요리 의병
고기를 준비했다드만 어째 냄새도 안 나냐.

천영, 표정이 굳는다. 맞은편 골목에서 창 든 군졸들이 쏟아져 나온다. 멈칫하는 의병들. 반대편에서도 군졸들이 나타나더니 창을 기울여 천영 일행을 앞뒤로 봉쇄한다. 그들을 이끄는 무관, 추노꾼 광이다. 관군 복장의 광이를 보고 기가 막히는 천영.

광이
역도니라, 한 놈도 살려 두지 마라.

역도란 말이 천영의 머리를 때리는 동시에 갑자기 담벼락 위쪽에서 투망이 던져진다. 재빨리 몸을 앞쪽으로 굴려 피하는 천영. 그물에 사로잡히는 의병들, 아우성친다.

의병들
뭐여 이거. 야, 이 새끼들아! 이거 못 치우냐,
우리 의병이야! 김자령 장군 모시는 의병. 몰라?

일제히 창을 눕혀 요리 의병을 찌르는 관군. 포획된 의병들을 향해 날아드는 창날. 눈이 뒤집히는 천영, 발도한다.

78. 병조 안 (낮)

김자령의 칼에 나가떨어지는 관군 병사들. 겁을 집어먹고 쉽게 덤비지 못한다. 숨을 고르는 김자령. 칼을 반대 방향으로 쥐고 있고, 쓰러진 병사들도 베인 상처가 없다.

김자령

(종려 부관의 목에 검을 겨누며)

주상을 모시는 너희를 벨 수 없어 역날을 썼느니

가서 전해라. 신 자령이 전하를 편전에서 뵙고자 한다고.

쾅 소리와 함께 김자령의 어깨에서 피가 튄다. 몸을 휘청거리면서 칼을 놓치는 김자령. 조총을 들고 선 종려.

79. 골목길 - 병조 인근 (낮)

날아드는 창을 피해 벽을 걷어차며 뛰어오르는 천영, 관군을 벤다. 맨손으로 그물을 찢으려 애쓰지만, 창에 마구 찔려 죽어 가는 의병들. 그물에 잡히지 않은 몇이 담을 넘지만, 기다리고 있던 관군들 창에 꿰어 죽는다. 쓰러뜨리는 만큼 더 몰려드는 관군들. 분루를 삼키는 천영, 관군 몇을 더 베고는 담장을 넘어 도망친다.

80. 병조 안 (밤)

꿇려진 김자령.

선조

왜 말이 없느냐?

김자령

이 몸에 연기 없이 불이 나는데
끌 방도가 없으니 입을 다물었소.

선조

불이 나? 고추라도 썹었느냐?

간신배들이 킬킬 웃는다.

김자령

왕의 덕은 궁과 함께 불타 무너졌소이까!

선조

(신이 나 신하들을 둘러보며)
저 봐라, 저 봐.
저런 역도마저, 궁을 재건해야
왕의 덕이 되살아난다고 하지 않느냐.
자령이 비록 대역죄인이나 과연 유생은 유생이로다.

김자령

(혼잣말)

범동이... 낫 놓고 기역 자도 모르는 자네가 옳았네.

81. 장예원 인근 - 육조거리 (낮)

장대 끝에 꽂힌 김자령의 머리, 눈을 부릅뜨고 입을 벌렸다. 광목천에 '大逆不道 金滋齡' 이라 적힌 붉은 글씨. 자막- 대역부도 김자령. 그 옆에 매달린 의병들의 수급. 참담하게 바라보는 사람들 뒤로, 거적을 뒤집어쓰고 행려병자들 사이에 숨은 천영, 연신 눈물을 훔친다. 도열한 군졸들 사이로 광이와 종려가 나타난다. 종려의 등장에 충격을 받는 천영.

종려

대역죄인의 수하 한 놈이 민가로 숨어들었다.

수상한 자를 발견하면 즉시 관가에 고변하라.

(의병들의 수급을 가리키며)

만약 그를 비호하는 자가 있다면 이같이 목을 벨 것이니...

종려를 바라보며 분노에 치를 떠는 천영.

82. 대문 앞 - 종려의 집 (밤)

퇴청하는 종려, 말에서 내린다. 집 안으로 들어가려다 멈칫, 뭔가 낌새를 느끼고 칼부터 뽑는다.

83. 사랑채 마당 - 종려의 집 (밤)

집 안으로 들어온 종려. 사랑채 마당에 내금위 병사들이 안채로 연결되는 중문 방향으로 쓰러져 있고, 중문은 열려 있다. 문틈으로 보다 겁먹고 방문을 닫는 노비들. 종려, 긴장한 표정으로 사위를 살피며 천천히 안채 쪽으로 향한다.

84. 안채 마당 / 대문 앞 - 종려의 집 (밤)

불타 무너진 안채 잔해 앞. 댓돌에 앉아있는 그림자가 스윽 일어나 걸어 나온다. 천영이다.

천영
그간 강녕하셨습니까? 도련님.
천영이 문안 인사 드리옵니다.

말을 끝내기 무섭게 벼락처럼 달려드는 천영. 사납게 몰아붙이는 칼끝에 분노가 담겼다. 침착하게 막아내는 종려, 예상 밖의 힘과 실력으로 역공을 퍼붓는다. 거리를 벌리고 마주 서는 두 사람.

천영
기생집 개새끼도 도둑 잡으면 쉰밥이나마 그릇 가득 먹이거늘

전공을 세우면 상 주겠노라 약조한 왕은
우리를 모함하고 주살하였다.
마치 니 애비처럼!

말이 끝나기 무섭게 내리치는 칼. 종려 힘으로 버티며-

종려
주인 무는 개는 죽일 수밖에.

더욱 강렬하게 칼을 내리치는 천영. 종려, 간신히 막아낸다.

천영
그래도 너만은 다를 줄 알았다, 너만은! 어째서!

종려, 어이가 없다.

종려
뭐라고? 그게 네 입에서 나올 소리냐?

천영을 밀어붙이는 종려. 여러 합을 겨루는 두 사람. 주욱 밀리는 천영, 댓돌에 걸려 넘어진다. 그 위에 올라타는 종려, 칼등을 왼손 손바닥으로 누르며 천영의 목을 향해 작두 썰듯 내리누른다. 종려, 어금니를 악물고 씹어 뱉듯-

종려
내... 차라리 개를 기를 것을.

천영
과연, 부부가 똑같은 종자로구나!

천영의 말에 지금껏 유지하던 냉정함이 무너지는 종려. 종려가 크게 소리치며 더욱 힘을 실어 칼날을 누르는 찰나, 종려의 힘을 역이용해 떨쳐 내는 천영. 종려가 칼을 가로로 긋는 순간, 솟구치는 천영. 청천익 옷자락이 베어 허공에 나풀. 폐가의 잔해를 딛고 방향을 꺾어 뛰어오르는 천영, 종려의 칼을 무릎으로 눌러 무력화시키고는 관자놀이를 칼자루로 가격한다. 으아아- 소리치며 달려드는 종려. 감정이 격해지며 빈틈을 보이자, 칼을 쳐 내며 종려를 쓰러뜨리는 천영. 멀리 날아가 별당채 잔해 속에 떨어지는 칼. 천영, 쓰러진 종려의 목을 향해 칼을 날리려다 멈칫하더니 바닥을 짚고 있는 종려의 왼손 손등에 칼을 내리찍는다. 으윽- 고통스러워하는 종려.

광이
(소리)
멈춰라, 이놈!

소리에 돌아보자 평대문에서 나타난 광이, 조총을 겨눠 탕- 쏜다. 재빨리 몸을 피했지만 왼쪽 어깨에 총상을 입는 천영. 조총을 던지고 칼을 뽑아 천영에게 달려드는 광이. 천영, 몸을 낮추며 내달려가 아래에서 위로 칼을 긋는다. 광이의 몸이 사선으로 갈라진다. 일순의 멈춤 없이 다시 칼을 내리치는 천영. 떨어지는 광이의 팔. 그동안 추쇄한 노비의 숫자를 새긴 문신이 보인다. 피를 뿜으며 쓰러지는 광이. 멀리서 들려오는 금군들의 발걸음과 호각 소리에 종려를 돌아보는 천영.

천영

나를 역도로 만들었으니... 소원대로 그리되어 주마.

그대로 중문 밖으로 뛰어나가는 천영. 분노로 이글거리는 종려.

85. 장예원 인근 - 육조거리 (새벽)

대역부도 김자령이라 적힌 광목천이 불탔고 장대 끝에 걸렸던 김자령과 의병들의 수급들이 사라졌다.

86. 벌판 (낮)

벌판을 가로지르는 말 한 마리. 그 위에 지친 표정의 천영. 말 등에 청천익으로 수급들을 엮어 매었다. 볼록볼록 수급들의 형태, 핏물이 청천익에 배어났다.
둥둥 북소리와 함께 화면 가득한 큰 글자.

87. 편전 - 정릉동 행궁 (밤)

용상에 앉은 선조, 그 앞에 납작 엎드린 종려. 단둘이다. 초도 안 켜 놓아 어둡다.
속삭인다 싶을 만큼 나직이 말하는 선조.

선조
내 너의 충언을 받아들여 자령을 처형하였으나
그의 억울함을 풀고 네 죄를 물어야 한다는 상소가 빗발치고 있다.
(불안한 눈빛으로 종려를 쏘아보며)
어쩌면 좋을꼬...?

어떤 대답을 해야 왕의 심기를 건드리지 않을지 갈피를 못 잡는 종려, 침을 꼴깍
삼킨다.

88. 별당채 - 종려의 집 (밤)

폐허가 된 별당채를 보면서 선 종려, 그 뒤에 선 부관.

종려 부관
천안을 지나는 게 목격됐다 합니다.

종려, 돌아보지도 않고-

종려

...잡으라 했다.

종려 부관

분명 잔당과 합류할 것입니다.

파발을 보내 이 잡듯 찾겠습니다.

헌데... 보셔야 할 것이 있습니다.

89. 집무실 - 의금부 (밤)

열려 있는 나전칠기 궤짝. 종려가 여러 보물 사이에 선 금동관음상을 본다. 겐신의 도깨비 투구와 일식 갑주도 있다. 종려의 눈이 반짝인다.

90. 옥사 - 의금부 (밤)

홀로 들어오는 종려. 옥졸 하나가 붓과 벼루를 들고 와 옥을 연다. 옥졸들을 물리치고 옥 안으로 들어가는 종려. 칼을 차고 앉아 의아한 표정을 짓는 겐신. 칼을 받침대 삼아 필담을 시작하는 종려.

'我是在 義禁府, 同知事 姓李 名宗呂.' 자막- 나는 의금부 동지사 이종려다.

이종려라는 이름이 쓰여지자, 멈칫하는 겐신. 종려의 손에 감긴 붉은 비단을 보자, 뭔가 깨달은 듯 웃는다. 의아해하는 종려. 붓을 건네받아 초서로 휘갈기는 겐신. 쓴 글을 들어 보이면-

'何求' 자막- 무엇을 원하는가?

91. 석어당 1층 - 정릉동 행궁 (낮)

비단 보자기를 펼쳐 금동관음상을 바치는 종려. 선조, 놀란 얼굴로 종려를 본다. 화려하고 우아한 금동관음상을 들여다보며 놀라움을 금치 못하는 선조, 거의 입맛을 다신다.

선조

허어- 그 참, 자태가... 자태가...!

대국에서도 부르는 게 값이라고 하더니 과연.

이것이 대체 어디서...?

종려

(겐신과 필담을 나눈 종이 뭉치를 내밀며)

비귀의 부대가 순천으로 말머리를 되돌린 것은

숨겨 둔 보물 궤짝늘을 찾아 전하께 바치고자 했기 때문이라 하옵니다.

선조

궤짝? ...늘?

그렇게나 보물이 많다면...?

종려

명의 골동상에게 팔아 능히...

선조

...경복궁 재건을!

(두서없이 종이를 훑어보며)

어디... 어디에 있다 하더냐? 응? 응?

종려

아뢰옵기 송구하오나...

뜸을 들이는 종려를 빤히 보는 선조.

선조

어째 말을 못 하는고?

종려

전하, 투항한 왜군을 관군으로 편제하시어
은밀히 보화를 찾게 한다면 어떨는지요.

선조, 종려가 왜 뜸을 들였는지 알겠다는 표정.

선조

대신들이 얼음처럼 차가운 혀를 놀릴 터인데... 흠...

종려

민란을 제압한다는 명분을 내세운다면...

선조

(눈이 반짝인다)

아니, 명분이 아니라 실제로 민란도 제압하면...
그야말로 일석이조 아니겠느냐.

(맹렬한 두뇌 회전)

가만있자... 허면... 민란의 원인이 김자령의 죽음이어야겠구나, 그렇지?

종려

(좀 난처하다)

전하, 이미 민란의 원인이라는 이유로 김자령을 처형한 마당에

이번에는 김자령의 죽음이 민란의 원인이라 한다면...

선조

(호통)

어허, 그 말이 그 말 아니냐!

종려

(더 이상 대꾸했다간 죽겠다 싶은 종려, 깊이 조아리며)

이참에 김자령의 잔당을 모조리 주살하겠나이다!

92. 편전 - 정릉동 행궁 (낮)

선조 앞에 엎드린 종려와 대신들.

선조

항왜를 금군 소속 투순군장에 명하며, 이름을 김충면으로 정한다.

참다못한 이덕형이 강경한 어조로 고한다.

이덕형

전하, 당장 참수해도 모자랄 왜놈 장수의 손을 빌어

우리 백성을 죽이라니요.

통촉하시옵소서!

깐족 신하

항왜는 태생을 벗고 전하께 충성을 맹세한,
이미 전하의 자식이옵니다.
지금 저리 말하는 좌상도 일전에 항왜를 이용하여
국익을 도모하자 주장한 바 있음을 기억하소서.

이덕형

조총 제조 기술을 배우고자 했을 뿐이옵니다.
어찌 적병으로 백성을 주살하는 일과 같다 하겠나이까!

선조

궁을 태우고 왕에게 돌팔매 하는 것들이 백성이냐!

선조의 서슬에 할 말을 잃는 이덕형. 차분하고 조심스럽게 의견을 내는 종려.

종려

아뢰옵기 황송하오나 작금의 역도들이 전란 중에 의병 무리였던지라
관군 중에 놈들과 싸우기를 주저하는 자들이 적잖다는 문제 또한
고려하셔야 할 줄로 아옵니다.

아무런 대꾸도 못 하는 대신들에게 강경하게 말하는 선조.

선조

전교에, 항왜를 무휼하여 별도로 한 부대를 만들도록 한 일에 대해
사람들이 참으로 놀라워하였지만 그만한 뜻이 있었다.

이제 충면은 나의 백성이 되었으니 더는 과거의 일을 논하지 말라!
또한 의금부 동지사 이종려를 토포사로 명하노니 투순군을 이끌고
역당을 토벌하여 국법의 지엄함을 보이라.

종려
신 종려, 국가 재건의 주춧돌을 놓는 마음으로 명을 받들겠나이다!

둘만 아는 의미를 담아 눈빛을 주고받는 선조와 종려.

93. 강가 야영지 - 청주 (밤)

모닥불 앞에 앉은 천영, 왼손에 감긴 붉은 비단을 푼다. 붉게 달궈진 김자령의 단검으로 '逃奴'라 자자된 살가죽을 지진다. 신음하며 고통을 참는 천영. 붉은 비단을 모닥불에 던진다.

94. 병조 안 / 남대문 (낮)

일렬로 대형을 갖춘 군마에 올라탄 병사들. 금군 소속의 기마병들과 '順'이라 쓰인 견장을 팔에 두른 투순군들, 창칼뿐 아니라 조총으로도 무장했다. 금군과 투순군의 팔을 감싼 토시 색이 다르다. 천영의 용모파기를 펼쳐 들고 천영의 얼굴을 익히는 병사들. 천영을 알아보는 겐신, 반가워한다. 그림 여백에 그려진 왼손 손등. '逃奴'라는 두 글자와 '三'자. 종려 부관이 다가와 겐신 부하에게 나전칠기 궤짝을 건네준다. 의아한 표정의 겐신, 열어 보면 제 갑옷과 투구. 얼굴이 환해지는 겐신, 종려를 바라본다. 고개를 돌리는 종려. 훗- 웃는 겐신.

출정을 알리는 나각*을 부는 병졸. 선두에 선 기수가 깃발을 올린다. 하나는 내금위(금군)의 깃발이고, 하나는 투순군의 깃발이다.

말을 달려 도성을 빠져나가는 토벌대. 먼발치에서 이를 보며 한탄하는 이덕형.

95. 마당 - 절 (밤)

산속 절. 법당 앞 계단에 앉아 연꽃 씨방을 들고 연꽃 씨를 빼먹는 범동. 승려를 비롯한 새로운 무리까지 합세하여 세력이 꽤 불었다. 서른 명은 되어 보인다. 천영이 들어온다. 막내를 비롯한 옛 전우들이 벌떡 일어난다.

범동
음마, 뭐여? 벼슬이라도 받을 줄 알았더만, 상그지 꼴을 하고.

수급이 든 청천익을 내려놓자마자 쓰러지는 천영. 모두 놀란다.

96. 뒷산 - 절 (낮)

마련된 무덤 자리(파인 구덩이). 옆에는 깨끗한 삼베에 싸인 장군과 동료들의 수급이 보인다. 한자와 언문을 사용해 삼베에 적은 망자의 이름들. 수급을 들어 구덩이에 옮기는 의병들. 울먹이는 막내. 멍하게 청천익을 태우는 천영. 구덩이 언저리에 쪼그리고 앉아 눈물을 삼키는 범동.

• 나각(螺角) : 소라뿔 나팔.

97. 마당 - 절 (낮)

범동이 천영을 발로 차면서 때린다. 천영, 범동이 때리는 대로 맞는다.

범동

내가 뭐라 그랬냐!
올라가지 말고 우리랑 함께 하자고 안 했냐!
혼자 잘 먹고 잘 살겠다고 하더니만,
니 꼬라지를 봐라 이놈아!

대꾸 없이 맞기만 하는 천영. 동료들이 범동을 말린다. 식식대며 멈추는 범동. 천영, 몸을 펴고 고개를 든다. 코피를 옷소매로 슥 닦더니-

천영

누님, 다 하셨소?

범동에게 다가가는 천영, 자령의 단검을 꺼내 든다. 동료들, 일제히 천영과 범동으로부터 멀어지며 "어허, 이 사람!", "말로 해, 말로!" 범동, 쇠도리깨를 집어 들며-

범동

어쭈? 그래, 혀 봐, 혀 봐.

그러나 털썩 앉아 가부좌를 트는 천영, 자령의 나침반을 꺼내 놓는다. 흔들리던 침, 북쪽을 가리킨다.

범동

뭐, 절이라도 하시게?

팍- 단검을 내리꽂는 천영. 나침반이 가리키는 북쪽에 꽂힌 단검.

천영

내가 이대로는 못 살겠소.

98. 벌판 (낮)

종려와 겐신을 필두로 말을 탄 토벌대가 전속력으로 달린다.

99. 마당 - 절 (낮)

김자령의 단검을 만지작거리는 막내. 천영의 발언을 놓고 갑론을박 중인 의병들.
호기심 많은 동승도 끼어 열심히 듣는다.

삼문

전란에서 살아남은 자는 있어도 역모에서 살아남은 자는 없네!

천영

왜놈과 싸우다 죽건, 왕한테 덤비다 죽건 매한가지입니다.

의병들이 천영의 말에 호응하자 삼문, 답답한 듯 좌중을 둘러보며-

삼문

여기 서른 남짓 가지고 거사가 당키나 한가?

어부 의병

사람은 더 모으면 되는 거 아입니꺼?

방 하나만 딱 붙이면, 정어리 떼 맨키러 몰려올 긴데...

삼문

그이들 전부 먹이고 입히는 건? 또 관아를 털려고?

이제 경계가 삼엄해졌을 텐데?

이번에는 삼문의 말에 끄덕끄덕하는 의병들.

막내

근데요.

(의병들 일제히 돌아보자)

책사 어르신이 그러셨잖아요.

왜놈들이 숨겨 놓은 보물이 있다고. 그걸 찾으면...

그 말에 백정 의병이 뭔가 생각난 듯-

백정 의병

비귀 잡았을 때 왜놈들 온통 흙투성이였던 거, 기억나나?

그리구 놈들의 수레! 뭐 하려구 그 무거운 걸 산속까지 끌구 왔을까?

어부 의병

숨겨 둔 보물 나르려고?

막내

그러고 보니 고목마다 표시가 되어 있었어요!

어부 / 백정

(동시에 손뼉을 치며)

맞구먼. / 맞네 맞어.

갑자기 얼른 가 보자며 술렁이는 의병들을 보고 황당해하는 삼문, 허탈하게 웃는다.

천영

반란은 속도가 관건이요. 서두릅시다.

100. 근정전 - 경복궁 (낮)

불타 무너진 근정전 앞마당을 걸으며 둘러보는 선조와 광해군. 도승지가 설계도를 들고 따른다. 노역하러 온 백성들이 경복궁 잔해를 치운다.

도승지

모두 육백 칸을 짓는 데 들어가는 목재가 총...

선조

(눈을 가늘게 뜨고 꿈꾸듯)

간밤에 꿈을 꾸었는데...
후원의 연못이 세 곱절은 커 보이는 게...

보기에 그럴듯하였다...

("세 곱절 큰 연못..." 중얼거리며 받아 적는 도승지)

정자도 더 크게, 아주 큼지막하게 지으면 좋겠고...

("정자..." 적는 도승지. 선조, 광해군을 돌아보며)

혼아, 정자 이름은 네가 지어 보겠느냐?

광해군

(용기 내어)

아바마마, 소자는 미욱하여 궁의 재건이 이토록이나 시급한지

선뜻 이해가...

선조, 도승지에게서 붓을 빼앗아 궁(宮)자를 한자로 쓴다. 가운데 세로획을 보란
듯이 길게 긋는 선조.

선조

'궁'이라는 글자를 보면 갓머리 아래 '등뼈 려'가 아니더냐.

집 두 채가 이어진 모양을 본떴을 뿐 등뼈와는 상관이 없다고들 하나

내 보기엔 그렇지 않다.

궁은 집의 형태로 나타난 나라의 등뼈니라.

왕권은 관념이고 한갓 관념으로는 권위를 얻지 못하느니.

광해군

하오나...

선조

(무시하며)

눈에 보이고 손에 만져지는 '궁'이, 곧 왕권이니라.

궁이 서야 왕권이 서고, 왕권이 서야 나라가 강해지고,

나라가 강해져야 백성이 잘산다.

당장 좀 힘이 든다고 백성을 위해 마땅히 해야 할 일을 미루랴?

(대꾸하지 못하는 광해. 도승지에게 붓을 돌려주며)

육백이라 했느냐?

본래 전각이 오천 칸이었거늘...

기왕 새로 짓는 것, 육천 칸은 되어야 하지 않겠느냐.

기가 막혀 입을 못 다무는 도승지와 광해군.

101. 법당 - 절 (낮)

절에 들이닥친 토벌대. 의병 무리의 흔적들을 확인한다. 종려 부관이 벌벌 떠는 동승을 끌고 나온다.

종려 부관

필시 아는 듯한데 입을 열지 않습니다.

종려

법당을 피로 물들이고 싶지 않으면 말하라.

놈들이 어디로 향했나?

동승

무, 무슨 보... 보물을 찾는다고.

미간이 찌푸려지는 종려, 겐신과 눈을 마주친다.

102. 흙벽 (낮)

고목에 새겨 둔 표식을 발견하는 막내. 버려진 수레 두 대도 보인다. 뒤따르던 의병들을 향해 소리친다.

막내
찾았다!

범동, 근방에서 똑같은 모양의 표식이 그려진 바위를 발견한다.

잠시 후-
칡덩굴이 얽힌 문짝을 들어내자 작은 굴이 열린다. 안에 가득 쌓인 커다란 궤짝 십여 개, 자물쇠로 단단히 잠겼다. 웅성거리는 의병들.

범동
수레가 두 대는 더 필요하겠는데...

천영
갑자기 수레가 어서 나... 남은 궤짝은 말로 끕시다.

범동
그르까?

삼문

자네들 걱정할 일이 아니라고 생각하네만...

말을 마치는 순간, 천영과 범동을 덮치는 그물. 꼼짝없이 잡힌 두 사람, 황당한 표정이다.

천영

책사 어른!

범동

음마, 눈까리가 돌아버리셨소? 우덜이 왜놈이요?!

의병들 술렁인다. 그물을 벗기려는 막내, 이내 제압되며 땅바닥에 눕혀진다. 의병들을 둘러보며 소리치는 삼문.

삼문

죽음으로 나라를 뒤집어 보겠다는 자는 저쪽으로 서고
이 보화를 나눠 떵떵거리며 살아 보겠다는 자는 내 뒤로 서라.
칠 년간 목숨 걸고 싸워 뭐가 남았나?
지금 이 순간, 죽음이 어렵지 삶은 쉽다.

천영

(흔들리는 의병들을 향해)
그렇지 않소!
진정 살고자 한다면 그들과 싸워 이기는 길뿐입니다.
여기서 멈추면 평생 쫓기다가 주살당할 뿐이오!

범동

니미럴 다 필요 읎고,

내 손에 대굴빡 깨질 놈들만 저짝에 서라잉!

(백정 의병을 보고)

시방 너 뭣 허냐?

지목받은 백정 의병 쭈뼛거리더니, 삼문 뒤로 서며-

백정 의병

난 먹고 뒤져도 좋으니까 저거 한번 써 보구 뒤질란다.

(호응하듯 끄덕이는 어부 의병을 보며)

그치? 너두 그렇지?

범동

얼렐레? 니들이 이라고도 김자령 장군 휘하으 으병이여?

백정 의병

(범동을 외면하며 다른 의병들에게)

아 뭣들 해! 얼른 꺼내서 수레에 싣자구!

백정 의병이 움직이자, 눈치 보던 의병들이 슬금슬금 궤짝을 꺼내기 시작한다. 그물에 포획된 채 나무에 묶이는 천영과 범동. 절규하는 막내를 포박해 끌고 가는 삼문.

범동

아 싫다자녀! 막내는 으째서 끌고 가는 거신디!

아랑곳하지 않고 자리를 뜨는 삼문 일행들. 절망하는 천영.

103. 산길 1 (낮)

말발굽 소리와 수레바퀴 끄는 소리 말고는 고요한 산길. 무거운 짐 때문에 빠른 속력을 낼 수 없는 삼문 일행. 손목이 묶인 채 끌려가는 막내, 지나온 길을 되돌아 보며 눈물을 흘린다. 이를 바라보는 삼문.

삼문

돌아가고 싶니?

(크게 끄덕이며 소매로 눈물을 훔치는 막내)

죽는 길인데? 알긴 아는 거냐?

더 크게 끄덕이는 막내를 보며 탄식하는 삼문.

104. 산길 2 (낮)

의병 무리들이 언덕에 다다른다. 막내에게 다가와 손목 결박을 풀어 주는 삼문.

삼문

가라, 애들 짐승 밥 되기 전에.

막내, 부리나케 달려 내려간다. 멀어지는 막내를 보며 소리꾼 의병이 즉흥 가사를 지어 노래를 한다.

소리꾼 의병

살고지고 살고지고~ (쾌지나 칭칭 나네)

고대광실 살고지고~ (쾌지나 칭칭 나네)

먹고지고 먹고지고~ (쾌지나 칭칭 나네)

임금수라 먹고지고~ (쾌지나 칭칭 나네)

소리꾼 의병이 앞소리를 메기면, '쾌지나 칭칭 나네' 하고 받으며 덩실거리는 의병
들. 산모퉁이를 돌아 갈대밭 길을 나선다. 희망에 부풀어 덩실거리는데 탕 소리와
함께 가슴에 총을 맞는 삼문과 의병들. 달려가던 막내, 총소리에 놀라 돌아본다.
혼비백산한 의병들. 좌우에서 토벌대가 조총과 칼을 들고 나타나 의병들을 포위
한다. 피를 쏟는 삼문의 시선으로, 모퉁이에서 말 타고 나타나는 겐신과 종려. 조
선 관군의 옷을 입은 겐신의 모습에 경악하는 삼문.

삼문

어, 어찌...

종려

주모자 천영은 어디 있느냐?

대답 대신 힘들게 칼을 뽑아 보는 삼문, 하지만 겐신의 검이 바람을 가른다. 칼 한
번 휘둘러 보지도 못하고 겐신의 발밑에 고꾸라지는 삼문.

겐신

謀反人の首をはねろ。

<u>폭도들의 머리를 잘라라.</u>

명을 받은 투순군, 의병들을 찌르고 목을 치기 시작한다. 비명을 지르며 죽어가는 의병들. 겐신, 죽은 어부 의병, 백정 의병에게 다가가 제 검을 되찾고, 두 사람을 동시에 푹 찌른다.
이 모든 상황을 지켜본 막내. 미친 듯이 달리기 시작한다.

105. 흙벽 (낮)

멀리서 달려오는 막내. 나무에 묶인 천영과 범동이 막내를 보고 반가워한다.

막내
다... 죽었어요. 전부 다!
비귀가 다시 나타나서...

도저히 이해하지 못할 상황에 어리둥절한 천영과 범동.

106. 산길 2 (낮)

삼문의 몸통을 부여잡고 미친 사람처럼 울부짖는 범동. 주저앉아 울먹이는 막내.
머리 없이 처참하게 널브러진 주검들을 내려다보는 천영, 참담하다.

범동

이것이 뭐시여? 이것이 뭐냐고!

아이구- 책사 양반아... 내 손에 죽었어야지-!

아이구...

허탈한 표정의 천영. 시신 하나에 꽂힌 천영의 용모파기 뒷면에 적힌 문장. 피로 적힌 한문 글귀. '梟首以待, 於浦口, 李宗呂'

천영

머리를 매달아 놓고 기다리겠다... 이종려?

핏줄이 터질 듯이 분노로 일그러지는 천영의 얼굴. 그대로 달려나간다. 멍하니 있다가 뒤따르는 범동. 삼문의 화살과 활을 챙겨 달려가는 막내.

107. 포구 1 / 야산 (늦은 오후)

인적 없는 작은 포구에 노을이 진다. 토벌대가 궤짝을 날라 잔교에 쌓는다. 장대에 걸리는 의병들의 수급들, '降威警愚' 자막- '위엄을 내려 어리석음을 깨우친다' 라 적힌 깃발이 바람에 나부낀다. 장대에 망치질하고, 조총을 정비하고, 주먹밥을 분배한다. 바닷가에 서서 파도치는 수평선을 보는 종려. 뒤로 다가오는 소이치로.

소이치로

궤짝도 전부 옮겼고 무기 정비도 마쳤습니다.

종려

물때에 맞춰 배가 올 것이다.

그전까지 투순군은 사주를 경계하고, 금군은 잔당을 수색한다.

포구가 내려다보이는 야산 중턱. 산길을 달려 내려가던 범동, 숨에 차 헐떡인다.
옆구리를 부여잡고 헉헉대는데, 멀리 포구의 상황이 보인다. 포도송이처럼 장대
에 매달린 수급을 보고 이를 가는 범동과 막내.

범동

퍼뜩 가서 다 뒤집어불자.

막내

(말리며)

잠깐만요.

막내의 시선으로, 금군에게 수신호를 보내는 종려. 그러자 투순군을 에워싸며 조
총을 겨누는 금군.

포구. 총구에 둘러싸인 겐신과 투순군. 어이없다는 듯 웃는 겐신.

겐신

やれやれ...投順軍も王の命による軍勢だというのに、
おぬしも謀反人になる気か。

이런 이런... 투순군도 어명을 받드는 군대이거늘,

그대도 역도가 되려는가?

135

소이치로

투순군도 왕의 군대다. 너도 역도가 되려는가?

종려

백세토록 복수해야 할 흉적을 어찌 살려 보내랴.

네놈들의 고기를 씹고 가죽으로 잠자리를 삼을 것이다.

쏴라!

소이치로

もとより国（くに）に返（かえ）すつもりはなかったと。

애초에 돌려보낼 생각이 없었나 봅니다.

명령에 일제히 방아쇠를 당기는 금군. 그러나 철컥거리기만 하는 조총. 다시 한번 격발하는 순간, 조총들이 폭발한다. 뭔가 잘못됐음을 깨닫고 얼어붙는 종려. 파편에 상처 입고 눈을 다쳐 고통스러워하는 금군들. 박장대소하는 일본군들.

겐신

口（くち）を無下（むげ）に塞（ふさ）げば弾（はじ）けるものじゃ。

朝鮮（ちょうせんさま）の様（に）似（に）ておらぬか。

출구를 억눌러 막아 두면 안에서 폭발하지.

조선의 꼴과 같지 않나?

(투순군에게)

よいか！

제군!

겐신의 명에 일제히 칼을 뽑는 십여 명의 투순군. 사색이 되는 금군 병졸들. 앞다

튀 도망치기 시작한다.

108. 해안가 산속 (늦은 오후)

범동의 시선으로, 투순군에 의해 순식간에 주살당하는 금군. 홀로 남는 종려, 포위된다. 한숨을 내쉬는 범동.

범동
가자.

막내와 함께 달려가는 범동.

109. 포구 1 (늦은 오후)

홀로 일본 병사들을 대적하는 종려, 일격필살로 쓰러뜨린다. 압도적인 종려의 검술에 섣불리 다가가지 못하는 일본 병사들. 용기를 내 덤벼드는 일본 병사를 간결한 칼놀림으로 베어 죽이는 종려.
해변 바위에 앉은 겐신, 나전칠기 궤짝에서 갑주를 꺼내 겐신에게 입혀 주는 소이치로와 나전칠기 병사. 칼날 맞부딪히는 소리가 요란한데도 돌아보지 않는 겐신.

소이치로
霧（きり）がひどうなってまいりました。
これで船（ふね）は出（だ）せるじゃろか...。

해무가 짙어지고 있습니다, 제때 출항할 수 있을지...

겐신

急ぐことはない。

급할 것 없다.

전광석화 같은 검술로 일본 병사들을 제압하는 종려. 일본 병사들, 주춤거리며 뒷걸음친다. 돌아서는 종려, 바위에 앉아 갑주를 챙겨 입는 겐신에게 달려간다. 가로막는 소이치로, 칼을 뽑는다. 뒤에서 겐신이 말하고 소이치로가 옮긴다.

겐신

命はとらぬ。

捕虜兵百人分に値するからのう。

넌 죽이지 않는다.

포로 교환 때 우리 병사 백 명 값은 할 테니까.

소이치로

넌 우리 병사 백 명 값은 할 터이니 죽이지 않으실 거란다.

모욕감에 치를 떠는 종려. 소이치로를 몰아세우더니 발목을 벤다. 비명을 지르며 쓰러지는 소이치로, 피를 뿜으며 바닥을 구른다. 지켜보던 겐신. 도깨비 투구를 들어 쓴다.

겐신

面白きことじゃ。異っておるが似ており、

似ていながらも異っておる。

138

青衣剣神とおぬしは、いったい…。

거, 참 재밌다. 다르지만 비슷하고 비슷하면서 또 다르다.

<u>청의검신과 너는 무슨 관계냐?</u>

소이치로

청의검신과 너는 무슨 관계냐?

다르지만 비슷하고 비슷하면서 또 다르다.

피를 흘리면서도 통역하는 소이치로. 대답 대신 겐신을 향해 달려 올라가 달려들며 칼을 휘두르는 종려. 격렬히 맞부딪히는 칼날, 여러 합을 겨룬다.

겐신

青衣剣神が、何故おぬしの太刀を持っておるのじゃ？
あやつが盗んだのか。

<u>청의검신이 왜 네 칼을 가지고 있나?</u>

<u>그가 훔쳤나?</u>

소이치로

청의검신이 네 칼을 훔쳤나?

종려

내가 주었느니라.

소이치로

こやつが與えたと。

이놈이 줬다고 합니다.

139

일격을 날리는 종려, 하나 남은 겐신 투구의 뿔을 잘라낸다. 그러나 왼팔에 상처를 입으며 바위 아래 백사장으로 굴러떨어지는 종려. 그 옆에 툭 떨어지는 투구의 뿔. 겐신, 뿔이 전부 잘려 나간 투구를 더듬어 보더니 표정이 일그러진다. 종려에게 달려가 공격을 하는데-

소이치로
(소리)
青衣剣神<ruby>せいいけんしん</ruby>でございます！

<u>청의검신입니다!</u>

멈칫하는 겐신과 종려. 짙은 해무를 뚫고 걸어 나오는 천영의 실루엣, 점차 가까워지며 윤곽이 선명해진다. 어사검을 단단히 쥐고 성큼성큼 다가오는 천영. 반가워하는 겐신이 공격 자세를 취하는데, 먼저 달려 나가는 종려. 천영, 벼락처럼 소리치며 공중으로 뛰어오르더니 무지막지하게 내리친다. 천영의 힘에 무릎이 꺾이는 종려, 몸을 피하며 칼을 쳐 내더니 반격한다. 피하는 천영, 재반격하려는데 겐신의 칼이 천영의 칼을 걸어 낸다.

겐신
やめぬか、こやつは使い道がある故、
きれいに生かしておくのじゃ。

<u>아서라, 얘는 내가 써먹을 데가 있으니까 이쁘게 잘 살려 두어라.</u>

소이치로
<u>저놈은 써먹을 데가 있으니, 이쁘게 잘 살려 두라신다!</u>

천영

둘 다 죽여 주마!

천영의 칼이 겐신과 종려를 가리지 않고 날아든다. 겐신이 천영의 칼을 받아 내고 역공을 하면, 이번엔 종려가 끼어들어 겐신의 칼을 쳐 내면서 손등을 벤다. 표정이 일그러지는 겐신, 종려를 향해 칼을 날린다. 부딪히는 두 사람. 그들 사이로 파고드는 천영, 분노가 실린 칼로 두 사람을 동시에 상대한다. 겐신보다 종려를 대적할 때 더 힘이 들어간다. 해가 이울며 붉게 물드는 해무 속, 순간순간 상대가 바뀌며 혼전이 펼쳐진다. 사람 키만 한 바위 앞, 거리를 두고 삼각형 구도로 선 세 사람의 실루엣. 누가 누군지 모를 정도로 흐릿한 실루엣이 짙은 해무 속에서 일렁인다.

110. 야산 / 포구 1 (늦은 오후)

독기 오른 범동이 휘두르는 쇠도리깨에 쓰러지는 일본 병사들. 막내는 바위 뒤에 몸을 숨기고 활로 일본 병사를 겨누는데 해무 때문에 시야가 확보되지 않자 에잇- 하며 단검을 들고 뛰어 들어간다.

111. 포구 2 (늦은 오후)

해무가 더욱 짙어졌다. 어디서 칼날이 날아올지 예측이 안 된다. 바닷물이 발을 적신다. 청각을 곤두세우는 천영. 물 딛는 발소리에 몸을 돌리자, 날아드는 겐신의 칼날. 동물적 감각으로 쳐 내는 천영. 자세가 흐트러진 겐신을 발로 찬다. 멀찍이 나동그라지는 겐신. 해무 속으로 사라진다. 겐신이 사라진 방향을 경계하는데 불쑥 나타나는 종려. 온 힘을 다해 공격하는 종려. 맞닿는 칼날의 각이 순간순간 바뀌지만 떨어지지 않은 채 공격과 방어가 이루어진다.

칼 부딪히는 소리만 들려오는 해무 속에 동떨어진 겐신. 소리가 점점 멀어지는 방향으로 천천히 다가간다.

천영의 칼날이 종려의 팔을 벤다. 고통스러워하며 물러서는 종려. 피가 뚝뚝 떨어져 모래를 물들인다.

천영

엄살떨지 마. 목 베여 죽은 사람도 있는데.

종려

불타 죽은 이의 고통은 아느냐?
네 사지를 찢어 불구덩이에 넣어 주마.
(달려들어 칼을 계속 내리치며)
내 아비, 내 어미, 내 아내, 내 아들한테 한 그대로!

종려의 울분에 찬 외침에 자초지종을 깨닫는 천영, 멈칫한다. 천영의 가슴을 발로 차 쓰러뜨리는 종려, 칼을 내리찍는다. 천영, 피하지 않고 손을 펴 막자, 칼이 손바닥을 꿰뚫는다. 예전의 상처 위로 다시 칼날이 꿰뚫고 지나가 흙바닥에 꽂힌다. 반격하지 않고 종려의 눈을 슬프게 바라보는 천영. 천영의 태도 변화에 의아해하는 종려.

천영

정녕 그리 믿고 있던 것이냐?
아니면 그리 믿고 싶은 것이냐?

예상 밖의 질문에 멈칫하는 종려, 눈빛이 흔들린다.

천영

네 아비도, 네 어미도!
내가 광에서 나왔을 땐 이미 죽어 있었어.

천영, 너무 억울해서 숨도 제대로 못 쉬겠다. 흠칫하며 칼을 거두는 종려, 손바닥
에서 뽑혀 나오는 칼. 종려, 믿을 수 없다는 표정.

종려

그럴 리가... 그럴 리가 없다.

천영

네 처자식이라도 구하려고 했지만
네 아내는 되려 불길로 뛰어들었어, 수윤이까지 끌어안고.

종려

닥쳐라!

천영의 목을 향해 칼을 날리는 종려, 베기 직전에 멈춘다. 혼란스러워하는 종려,
소리친다.

종려

그럴 리가 없어... 왜?

천영

날더러 짐승이라더라.

그래...짐승이 낫다, 종보단 짐승으로 살련다!

울부짖는 천영. 한탄하는 종려, 눈물이 그렁그렁 맺힌다. 그의 눈물이 모래톱에
고인 바닷물로 떨어지는데-

겐신

(소리)
^{にたいいち}二対一の戦じゃな？ ^{いくさ}

이제 이대 일의 싸움인가?

물에 비친 그림자. 고개를 드는 종려, 바위 위에 서서 허리에서 또 한 자루 칼을
뽑는 겐신을 본다. 뛰어내리며 천영을 향해 칼을 내리치는 겐신. 천영이 가까스
로 막아 낸다. 자세가 흐트러진 천영을 다시 공격하는 겐신. 천영이 칼을 맞을 찰
나, 천영을 밀치며 들어오는 종려. 천영은 나가떨어지고 종려의 왼쪽 허벅지가 주
욱 베인다. 억눌린 비명을 지르며 무릎을 꿇는 종려. 엄청난 양의 피가 모래를 적
신다. 쉴 새 없이 이어지는 겐신의 공격. 종려, 이를 악물고 일어나 회전 공격으로
겐신을 몰아붙인다. 뺨과 가슴을 베이고 어깨를 찔리면서도 무모한 공격을 멈추
지 않는 종려, 최후의 일격을 겐신의 머리에 가한다. 투구가 허공 위로 솟구친다.
모래 위로 텅- 떨어지는 투구. 곧게 뻗은 종려의 양날검이 미세하게 겐신의 얼굴
을 스쳤다. 그러나 종려의 늑골 사이를 꿰뚫은 겐신의 칼. 숨조차 쉬지 못하는 종
려. 무게를 이기지 못하고 검을 떨군다. 겐신이 칼을 뽑는 순간, 상처와 입에서 동
시에 피를 뿜는 종려. 경악하는 천영, 겐신을 향해 뛰어올라 내리친다. 칼을 칼로
막는 겐신. 천영의 분노가 지나쳤는지 어사검이 그만 두 동강 나 버린다. 거의 단
검처럼 되어 버린 칼을 든 천영의 한심한 모습. 기가 살아 천영의 목을 향해 찌르
기로 날아오는 겐신의 칼. 부러진 칼을 거꾸로 돌려 손잡이 바닥으로 막는 천영.

겐신이 왼손에 든 칼이 손잡이에 박힌다. 겐신이 칼을 뽑으려고 실랑이하는 짧은 순간 재빨리 종려의 검을 집어 드는 천영, 아래로부터 휘둘러 겐신의 손목을 자른다. 칼을 움켜쥔 채 팔에서 분리되는 겐신의 왼손. 단면에서 뿜어져 나온 피가 천영 얼굴에 후두둑. 극심한 충격에 하얘지는 겐신의 얼굴. 팔이 잘려 나간 사실을 믿지 못하는 표정. 이제 천영의 부러진 칼 손잡이에 겐신의 칼이 박히고, 그 칼의 손잡이에는 겐신의 왼손이 달린 상태. 어사검에 박힌 겐신의 칼날을 이로 꽉 무는 천영, 힘을 주어 뽑는다. 뱉는다. 부러진 어사검과 종려의 양날검을 들고 이도류 자세를 잡는다. 겐신의 피를 뒤집어쓴 천영의 얼굴. 비로소 겐신의 눈에 공포가 서린다.

112. 포구 1 (늦은 오후)

세 명의 왜병을 상대하는 범동. 사슬낫을 쓰는 병사의 공격에 쇠도리깨를 쓰기 힘들어진다. 범동의 머리를 향해 쇠망치를 휘두르는 거한 병사. 쇠도리깨를 놓고 재빨리 피하는 범동. 거한 병사, 쇠망치를 후려치려는데, 퍽- 돌멩이 하나가 이두박근을 강타한다. 고통스러워하는 거한 병사, 고개를 돌리면 또 하나의 돌멩이가 날아와 이마를 때린다. 콰직! 수박 깨지는 소리와 함께 쓰러지는 거한 병사. 범동과 시선을 교환하는 막내. 그러나 휘둥그레지는 범동의 눈. 막내가 뒤돌아보면 사슬낫이 날아와 막내의 얼굴을 긋는다. 왼쪽 얼굴이 세로로 베어져 피를 철철 흘리는 막내. 한쪽 눈을 뜨지 못한 채 고통스러워한다. 분노한 범동이 쇠도리깨를 집어 들어 도움닫기를 하더니 착지와 동시에 회전력으로 사슬낫 병사의 두개골을 박살 낸다. 쇠도리깨를 던지고 막내에게 달려가는 범동.

해변의 모래톱을 가로지르며 대결하는 두 사람. 초인적인 정신력을 발휘하는 겐신, 천영을 향해 매섭게 공격한다. 한껏 자세를 낮춰 피하는 천영, 겐신의 다리에 상처를 낸다. 비틀거리면서도 천영을 향해 내리찍는 겐신. 자세를 더욱 낮추는 천영, 몸을 틀며 칼을 피한다. 곧이어 몸을 솟구치며 칼날의 방향을 공중에서 바꾸는 천영. 착지와 동시에 몸을 확 낮춰 겐신의 오른쪽으로 파고든다. 놀라운 속도로 겨드랑이로 들어간 양날검, 겐신의 오른팔을 마저 잘라 낸다. 양손을 잃은 겐신, 이번에는 끔찍한 비명을 지른다. 천영, 바닥에 떨어진 겐신의 잘린 손목이 쥐고 있는 검을 집어 들더니, 겐신의 뒷목에 박아 넣는다. 무릎 꿇은 채 죽는 겐신. 천영, 서둘러 종려에게 다가간다. 숨쉬기 어려운 듯 꺽꺽거리는 종려, 입에서 피를 왈칵 쏟아 낸다. 부르르 떠는 종려. 다급히 옷을 벗어 종려를 감싸는 천영, 종려의 얼굴을 잡고 내려다본다. 눈물을 흘리는 천영.

종려
내가 아직 네 동무니?

고개를 끄덕이는 천영.

종려
살아라... 천영아, 살아야 한다.

힘겹게 미소를 지으려 하는 종려의 뺨을 어루만지는 천영. 종려, 마지막 힘을 짜내 제 손의 붉은 비단을 풀어 천영의 손에 쥐여 준다. 어느새 해무가 걷히고 노을이 붉게 타오르는 바닷가. 절명하는 종려. 천영, 종려를 품에 꼭 안는다.

113. 석어당 2층 - 정릉동 행궁 (낮)

후원의 연못과 정자가 크게 확장된 새 설계도를 확인하며 흡족해하는 편복 차림의 선조. 호판이 조아리고 있다.

선조
매우 흡사하구나. 과연 꿈에서 본 그대로다.
호판, 남산의 소나무 벌목은 언제 하느냐.

호판
그게... 지금은 나무들이 물을 많이 머금고 있는 터라...

호판의 대답에 표정이 싸늘해지는 선조. 호판 겁먹은 표정이 되는데, 상선이 급하게 입실하며 귓속말로 고한다.

상선
한강진나루에 조운선 한 척이 도착하였는데
내금위 깃발이 걸렸다 하옵니다.

반색하는 선조, 벌떡 일어선다.

114. 육조거리 (낮)

광대패의 놀이판이 벌어지는 육조거리. 천으로 감싼 종려의 검을 등에 메고 천영이 군중 사이로 들어간다. 꼭쇠가 사자 두 마리와 먹이를 가지고 실랑이하는 대목. 즐거워하는 사람들 사이에 자리 잡은 범동. 그 옆에 서는 천영. 극을 진행하는 꼭쇠, 씬 3의 그 외팔이다.

115. 근정전 앞마당 - 경복궁 (낮)

잔해들이 치워져 기단만 남아 있는 근정전 앞마당. 궤짝들이 나란히 놓였다. 어가에서 내리는 편복 차림의 선조, 빠른 걸음으로 들어선다. 그 뒤를 따르는 상선.

선조
배가 저절로 왔겠느냐.
그 많던 금군과 투순군의 행방이 묘연하다니
거 참...
(궤짝 있는 곳에 다다르기도 전에, 군졸들을 보며)
어서 열어 보거라.

내금위장
송구하옵게도, 열쇠를 찾을 수 없어...

선조
도끼로 깨는 방법도 있지 않겠느냐?

내금위장
(조아리며)
이미 병졸을 보냈사옵니다.
잠시만 기다려 주소서.

무관 하나가 도끼 여러 자루를 구해 오자 표정이 밝아지는 선조.

선조
어서.

무관들이 도끼로 자물쇠를 패기 시작한다. 선조가 초조하게 지켜보는데 한 무관
이 소리친다.

무관
열렸사옵니다!

반색하며 친히 움직이는 선조, 상선이 뒤따른다. 왕이 고개를 끄덕이자 뚜껑이 열
린다. 안에 소금이 꽉 찼다. 손으로 파 보는데 아무것도 안 나오자 조바심 내는 선
조. 여럿이 덤벼들어 소금을 뒤적이지만, 소득 없다. 옆의 궤짝도 막 도끼질이 끝
나 뚜껑이 열린다. 역시 소금만 가득.

선조
뒤집어도 가하니라.

무관들이 용을 쓰며 궤짝을 뒤집자 소금이 바닥으로 쏟아져 내린다. 드디어 드러
나는 보물. 수백 개의 잘린 사람 코들. 경악하는 선조. 옆 궤짝에서도 소금과 함께
수백 개의 코가 쏟아진다. 뒷걸음치는 선조의 뒤로, 도끼질에 옆구리가 터져버린
또 다른 궤짝에서 코가 쏟아져 어혜에 부딪힌다. 끝없이 쏟아지는 코, 코, 코. 기겁
하며 엉덩방아를 찧는 선조. 선조의 시선으로 줄지어 개봉을 기다리는 똑같은 궤
짝들. 망연자실한 표정의 선조 얼굴.

116. 육조거리 (낮)

곤룡포 입은 임금 인형이 허공에 쑥 올라온다. 외팔이가 붉은 리본이 감긴 왼손으로 들었다.

외팔이

(구경꾼들을 향해)

백성 등골 빼먹는 놈 조지려면

다들 힘을 모아야 하지 않겠냐 이 말이지!

(사자를 가리키며)

이 사나운 짐승처럼 말이오.

하더니 임금 인형을 사자에게 던진다. 임금을 꿀꺽 삼키는 사자.

외팔이

(노래하듯)

본디 짐승이란 말이 중생에서 나왔겠다?

중생이 곧 짐승이니, 두려워함이 옳지 않은가!

옳거니! 관중들 더욱 흥겨워하고 음악이 커진다. 구경꾼들에게 붉은 리본을 나눠주는 양반탈이 천영과 범동을 발견하고 탈을 벗는데, 막내다. 손을 흔드는 막내. 화답하는 천영과 범동. 두 사람에게 다가오는 외팔이, 탈을 벗으며-

외팔이

세 규합하는 데는 계 조직만 한 게 없소.

범동

이름은 뭘로 합여? 대동계는 망했응께 딴 이름 쓰야 쓰겄는디.

천영

'범동계' 어때? 두루 온 세상 사람이 다 하나다... 범, 동.

범동의 으하하 너털웃음. 다시 탈을 쓰고 무대로 돌아가 흥겹게 극을 이끄는 외팔이. 놀이판 너머 멀리 보이는 불에 탄 광화문과 경복궁 위로 날라리와 꽹과리 소리가 들린다. 다른 여러 악기가 더해지고 소리 점점 커지면서 너나 없이 한바탕 어울려 춤추는 모습 위로 화면 가득 글자가 떠오른다.

끝